行吟的天使

贾依依 ◎ 编著

诗人

中国出版集团

现代出版社

图书在版编目(CIP)数据

行吟的天使 / 贾依依编著；——北京：现代出版社，2013.2 （2024.12重印）

（我的未来不是梦）

ISBN 978-7-5143-1416-8

Ⅰ．①行…　Ⅱ．①贾…　Ⅲ．①诗人 – 生平事迹 – 世界 – 青年读物②诗人 – 生平事迹 – 世界 – 少年读物 Ⅳ．①K815.6–49

中国版本图书馆 CIP 数据核字 （2013）第 025439 号

我的未来不是梦——行吟的天使(诗人)

作　　者	贾依依
责任编辑	刘　刚
出版发行	现代出版社
地　　址	北京市朝阳区安外安华里 504 号
邮政编码	100011
电　　话	(010)64267325
传　　真	(010)64245264
电子邮箱	xiandai@cnpitc.com.cn
网　　址	www.modernpress.com.cn
印　　刷	唐山富达印务有限公司
开　　本	700×1000　1/16
印　　张	12
版　　次	2015 年 3 月第 1 版第 1 次印刷　2024 年 12 月第 4 次印刷
书　　号	ISBN 978-7-5143-1416-8
定　　价	47.00 元

序　言

　　这套以"我的未来不是梦"命名的丛书，经过众多编者的数年努力，终于以这样的形式问世了。

　　此时，恰值党的"十八大"刚刚胜利闭幕，选举出了以习近平同志为首的党中央领导集体。"十八大"报告中对教育领域提出："坚持教育为社会主义现代化建设服务、为人民服务，把立德树人作为教育的根本任务，培养德智体美全面发展的社会主义建设者和接班人。"这使我们编者更感此套丛书生即逢时，契合新时期新要求，意义重大。

　　我们编写的这套《我的未来不是梦》系列丛书，精选了古往今来的一些重要职业，尤以当下热点职业为重。而"梦想的实现"则是本套丛书的核心。整套书立意深远，观点新颖，切合实际，着眼实用，是不可多得的青少年优质读物。

　　我们深信，这套丛书必将伴随小读者们的生活与学习，而促进他们德智体美全面健康的成长。更使他们对未来充满信心，驾驭着新知识和新科技，驶入海洋，飞向蓝天，去实现最美好的梦想！

目录 CONTENTS

第一章

诗歌的力量

◦导读◦

　　培根曾这样诠释诗歌：人们历来认为，诗歌有一种神奇的力量，因为它能振奋起人的精神。

　　罗·勃朗宁曾这样描述诗歌：尽管诗歌疯狂，悲哀而又恶劣，却甜美。

　　塞·约翰逊曾这样评说诗歌：诗歌的灵魂在于创新，即创造出使人意想不到的，惊叹不已和赏心悦目的东西。

　　托·斯普拉特曾这样感叹诗歌：诗歌是艺术的女王。

　　歌德曾这样认识诗歌：异端是生活的诗歌，所以有异端思想是无伤于一个诗人的。

■ 中国诗歌的完美蜕变

"诗者,感其况而述其心,发乎情而施乎艺也"。赵缺曾在《无咎诗三百序》中如此定义诗歌。是的,诗歌不仅仅是一种文学表达形式,也是一枚擦亮心灵窗口的羽毛。

"举杯邀明月,对影成三人",李白在孤独无助时曾这样感叹;杜甫晚年漂泊西南边陲,恰遇春雨时节,睹景思情的他便感叹道:"好雨知时节,当春乃发生";而唐后主李煜抒发自己悲苦情怀的诗句,也让我们悟出了愁苦的真谛:"剪不断,理还乱,是离愁";"众里寻他千百度,蓦然回首,那人却在灯火阑珊处"这种偶然的喜悦,是辛弃疾此时在生活中得到的真切感受,加以诗化后,让今人能够切肤感觉到那种柳暗花明的诗意。

诗,是最古老也是最具有文学特质的文学样式,它来源于上古时期的劳动号子(后发展为民歌),以及民间祭祀典礼中的颂词。诗歌原是诗与歌的总称,诗和音乐、舞蹈结合在一起,统称为诗歌。如苏轼的水调歌头:"明月几时有?把酒问青天",直至今日,它仍旧被世人谱曲传唱,且朗朗上口。

无论是在中国,还是中国以外的广袤地域,都是诗歌的王国。可以说,诗歌,拥有着悠久的历史,从远古时代流传至今的不计其数,虽然因为时间的久远导致许多优秀诗篇失传,但如今保存下来的诗篇也基本上堪称无价之宝。

先说中国,其古代最早的诗歌总集——《诗经》收集了自西周初期(公元前十一世纪)至春秋中叶(公元前六世纪)五百年多年的诗歌,共311

篇,有"四始六义"之说。"四始"指《国风》、《大雅》、《小雅》、《颂》的四篇列首位的诗。"六义"则指"风、雅、颂,赋、比、兴"。"风、雅、颂"是按音乐的不同对《诗经》的分类,"赋、比、兴"是《诗经》的表现手法。

其首篇脍炙人口的《关雎》:"关关雎鸠,在河之洲,窈窕淑女,君子好逑",至今仍为世人所熟知。诗中将古代男女之间的恋情和当时社会的风俗习惯,展现得惟妙惟肖。作为诗经三百篇之冠,孔子曾评价说:"《关雎》乐而不淫,哀而不伤。"

古代诗歌发展历经了汉魏六朝乐府、唐诗、宋词、元曲。

公元前4世纪,战国时期的楚国以其自身独特的文化基础,加上北方文化的影响,孕育出了伟大的诗人屈原。

屈原以及深受他影响的宋玉等人创造了一种新的诗体——楚辞。屈原的《离骚》是楚辞杰出的代表作。楚辞发展了诗歌,也丰富了诗歌的表现形式。它打破了《诗经》的四言形态,从三、四言发展到五、七言。在创作方法上,楚辞吸收了神话的浪漫主义精神,开辟了中国文学浪漫主义的创作道路。

诗经、楚辞之后,诗歌在汉代又出现了一种新的形式,即汉乐府民歌。

汉乐府民歌流传到现在的共有一百多首,其中很多用五言形式写成,后来经文人的有意模仿,在魏晋时代成为主要的诗歌形式。

五言诗是中国古典诗歌的主要样式,它从民间歌谣到文人写作,经历了很长的发展、成熟时期,到东汉末年,文人五言诗的创作日趋成熟。其标志是《古诗十九首》的出现。

《古诗十九首》不是一时一人的作品,诗的内容多叙离别、相思以及对人生短促的感触。长于抒情,善用比、兴手法是《古诗十九首》最大的艺术特色。建安时代之后的阮籍正是这个时代的代表诗人,他的《咏怀诗》进一步为抒情五言诗打下了基础,他常用曲折的诗句表达忧国、惧祸和避世之意。

南北朝时期是中国诗歌史上的又一发展时期,这表现在又一批乐府民歌集中地涌现出来。它们不仅反映了新的社会现实,而且创造了新的艺术形式和风格。这一时期民歌总的特点是篇幅短小、抒情多于叙事。

南朝乐府保存下来的有 480 多首,一般为五言四句小诗,几乎都是情歌。北朝乐府数量远不及南朝乐府,但内容之丰富、语言之质朴、风格之刚健则是南朝乐府远不能及的。如果说南朝乐府是谈情说爱的"艳曲",那么,北朝乐府则是名副其实的"军乐"、"战歌"。

在体裁上,北朝乐府除以五言四句为主外,还创造了七言四句的七绝体,并发展了七言古诗和杂言体。北朝乐府最有名的是长篇叙事诗《木兰诗》,它与《孔雀东南飞》并称为中国诗歌史上的"双璧"。

自唐朝以后,诗歌迎来了成熟的黄金时代。在唐朝近三百年的时间里,留下了近五万首题材广泛、形式多样的诗歌,而独具风格的著名诗人就有五六十个。那段文学历史,可谓是万紫千红,百花争艳,空前繁荣。

此时诗歌通常以五言、七言两类为主。五言律诗简称五律,限定八句四十字;七言律诗简称七律,限定八句五十六字。超过八句的叫长律,又叫排律。长律一般都是五言诗。只有四句的叫绝句;五绝共二十个字,七绝共二十八个字。绝句可分为律绝和古绝两种。律绝要受平仄格律的限制,古绝则不受平仄格律的限制。

唐朝诗歌分为三个阶段,初唐时期代表即"初唐四杰"——王勃、杨炯、卢照邻、骆宾王;到盛唐时期,出现了多位杰出诗人,以诗仙李白、诗圣杜甫为代表,两人的完美结合,堪称绝世无双。韩愈曾说"李杜文章在,光焰万丈长"。到唐朝中晚期,诗歌发展逐渐成熟,以白居易、韩愈等人最为出色。

词,作为诗歌的另一种,它始于梁代,形成于唐代而极盛于宋代。是继唐诗以后的一种新的文学体系。起初是在市井都市里被乐师们传唱,后来根据唱词和音乐节拍配合的需要,创作或改编出一些长短句参差的曲词,故而又称长短句。无论是委婉含蓄的儿女风情,还是热情豪放的雄心壮志,在宋词中都能够情真意切的表现出来,因而它与唐诗并称双绝,代表着一代文学之盛。

在中国的每个时期,都有不同的代表诗人,他们创作出影响巨大而深远的名篇佳作。我们在诗歌中不仅能够找到那个时代的气息，更能深切地感受到那个时代的不断前进的步伐。

在"五四"运动前后，人们开始反对文言，提倡白话，新诗也逐渐兴起，它不同于传统古典诗歌体系，将不易理解的文言诗歌以白话语言体现，且诗歌变得通俗易懂，诗体则自由不受约束，在中国文学发展过程中，新诗在短期内就取得了重大的文学成就。

新诗在初创和发展过程中，受到外国诗歌理论和实践的影响较大，这对新诗艺术方法的形成起到了积极的推动作用。许多诗人在吸取中国古典诗歌、民歌和外国诗歌有益营养的基础上，对新诗的表现方法和艺术形式，进行了多方面的探索，产生了现实主义、浪漫主义、象征主义等多种艺术潮流，出现了自由体、新格律体、十四行诗、阶梯式诗、散文诗等多种形式。

"现代诗"的名称，始于 1953 年纪弦创立"现代诗社"之时。其含义是：形式自由、内涵开放、意象经营重于修辞。

"古典诗"与"现代诗"的区别在于："诗"者皆为感于物而作，是心灵的映现。

"古典诗"以"思无邪"的诗观，表达温柔敦厚、哀而不怨，强调在"可解与不可解之间"。

现代诗则强调自由开放的精神，以直率的情境陈述，进行"可感与不可感之间"的沟通。

郭沫若将自己所有的情怀都表达在了这部具有现代意义的《女神》中："我要去创造些新的光明，不能再在这壁龛之中做神！"他塑造的和平女神，让读者为之动容。

还有徐志摩伤感而又潇洒的诗句："我挥一挥衣袖，不带走一片云彩"；林徽因美而又甘甜的诗句"你是爱，是暖，是希望，你是人间的四月天"无疑代表着新诗的另一阶段的昌盛。

20 世纪 70 年代末、80 年代初以来，诗歌以飞快的速度发展，一批朝气蓬勃的青年诗人因此而成长，他们的诗通常表现出一种晦涩的、不同于寻常的复杂情绪，人们谓之"朦胧诗"。

　　直到 80 年代中后期以后，诗坛又出现了自称为"第三代诗人"的现代派潮流。

　　现代派一方面追求"纯诗"的艺术观，坚持表现自我，以个体生命和个人情感为中心，另一方面在内容上往往表现出悲观的虚无思想。在表现形式上，不追求严格的格律，诗的韵律靠诗情的抑扬顿挫来表达，多用象征、暗示构成诗的意境。其代表诗人有戴望舒、卞之琳、何其芳、李广田等。

　　这一时期，卓有成就的诗人当数艾青，土地和太阳意象构成了他诗歌的主要内容，名篇有《我爱这土地》《向太阳》等。

　　回顾完中国诗歌发展史，我们再把目光投向国外。

我的未来不是梦

■ 欧洲诗歌的古老长河

先看欧洲：欧洲诗歌是由荷马、萨福和古罗马的维吉尔、贺拉斯等诗人开启创作之源。

公元前三千多年，古埃及就出现了神话、歌谣、宗教诗和故事，其最著名的代表作就是《亡灵书》。

公元前 19 世纪至 16 世纪，世界第一部完整的史诗——古巴比伦史诗《吉尔加美什》诞生。

古希腊诗人荷马在西方有着很大的影响力，他的叙事长诗《荷马史诗》，在很长一段时间都在影响着西方的宗教、文化和伦理观。

欧洲中世纪文学主要由教会文学、骑士文学、英雄史诗和城市文学构成。而但丁是这个时期最杰出的诗人，《神曲》用梦幻故事的形式探索着民族复兴之路。

英国浪漫主义诗歌鼎盛时期大约是在 18 世纪 70 年代至 19 世纪 20 年代之间，此间不仅有大量的诗人，大量的作品，还创作出了多篇不朽之作。

拜伦和雪莱是英国浪漫主义诗歌文学的杰出代表。

英国浪漫主义诗歌不仅仅是英国一国的，而是世界的。英国在题材和诗艺上都突破前人，突破国界，对全欧洲以至全世界的文学和思想都产生了巨大的影响。

英国诗歌多是以揭露叙事诗为主，用诗歌抒发自己对社会的看法与不满,诗中通常会根据当时社会的现状来刻画一些典型的代表人物,在简短的诗歌中,他们会把生活在社会底层的民众受尽欺凌却无人问津的悲惨生活展现得淋漓尽致。

泰戈尔是近代印度伟大的诗人,其哲理诗集《吉檀迦利》不仅代表了他的人生思想观念,也表达了他对理想人生的探索。

这部宗教抒情诗集,被很多人认为是一份"奉献给神的祭品"。泰戈尔向神敬献的歌是"生命之歌",他以轻快、欢畅的笔调歌唱生命的枯荣、现实生活的欢乐和悲哀,表达了作者对祖国前途的关怀。这部作品不仅在印度受到欢迎,且翻译英文发行后,诗歌成为了自由体诗,受到西方各国的热烈追捧,获得了至高的荣誉。

■ 诗歌的力量

中西方的诗歌无论是在体式上,还是内容结构上,都有着异曲同工之妙。西方诗歌在热切奔放的同时,长于表达自己的情感。而中国的古诗词则文字简洁,但同样是意境悠远,回味绵长。

如果非要找出中西诗歌的不同之处,我们会既可以看出共性,也可以看出个性。

中西诗歌虽然在渊源上能找到一定的源头,或能证明两者之间的关联与影响,但在比较之中,我们还是不难地发现两者的差异。存在这种巨大的差异是由其本质不同、思维形式不同带来的。

中国诗词善于写景抒情,以写景烘托气氛或造出意境,而英美诗歌则注重描写景物在人们心里唤起的反应,以此来表达自己的主观意识。这是由两者不同的思维模式造成的差异。

表达爱情的诗歌创作,欧洲人会用奔放的语言来表达,他们会高喊:"你是我的太阳,爱情之火烧得我浑身焦灼。"而中国会使用委婉的语言,如"剪不断,理还乱"之类的诗句,给人似有非有的感觉。欧洲诗歌表达明了,中国诗歌含蓄委婉,但同样对爱的追求是保持不变的。

虽然中西文化有差异,但是抒发对故乡的热爱却颇富共鸣。拜伦的《去国行》:"别了,别了!故国的海岸,消失在海水尽头",艾青的《我爱这土地》:"为什么我的眼里常含泪水,因为我对这土地爱得深沉。"

中国的古典诗词不仅影响欧洲的创作,还影响着他们的诗歌创作理论。 由于古汉语是一种没有词尾变化的语言,它不像英语那样有明显的人称、数字和时态变化,表达上不如西方语言那么精确,因此汉语更具有模糊性,更加含蓄。艾米·洛威尔曾经说过:"含蓄是我们从东方学来的东西之一。"中国古典诗词的显著特点就是简洁具体。

美国著名意象派诗人庞德曾说过,在中国文学中发现一个"新希腊",从而发动了一场新的"文艺复兴"。

而中国诗歌在世界上的崇高地位,并非一朝一夕就能得到。它需要不同时代的诗人,经过不间断的努力,才会逐渐取得成功。

诗歌被誉为是一个民族文化的结晶和最高体现,同时诗歌也是时代、历史文化沉淀的结果。

我国现代诗人、文学评论家何其芳曾说:"诗是一种最集中地反映社会生活的文学样式,它饱含着丰富的想象和感情,常常以直接抒情的方式来表现,而且在精炼与和谐的程度上,特别是在节奏的鲜明上,它的语言有别于散文的语言。"

诗歌流淌过那条悠远的历史长河,如今已经逐渐走向成熟。每一位诗人,依凭他们生活的那个时代的特点,从而创作出感天地泣鬼神的诗作。然而,这些历史瑰宝,都是那些伟大的诗人历经千辛万苦,呕心沥血而成。每一字,每一句,都真真切切地表达了他们的情感,也深深地铭刻着他们每一个人的人生轨迹,和他们生命的年轮。

诗歌,拥有着无穷的力量,它可以让我们对未来充满期望;诗歌,它拥有神奇的力量,它可以让我们感受到人间欢乐,也可以让我们体会到肝肠寸断的悲痛!杜甫说:"笔落惊风雨,诗成泣鬼神。"可见,诗歌的力量有多强大!

简短而精辟的诗作,蕴含着诗人追求人生梦想的力量,而这些才华横溢的诗人,将自己的一生乃至生命都付诸诗歌。我们读着那一首首诗歌,体验着诗人那发奋创作的一生,体会他们人生的足迹给我们带来的无穷力量,引领着我们进入人生的另一个世界。

那里,青山绿水,溪流潺潺。那里,远山如黛,林涛悲鸣……

● 智慧心语 ●

1.理想的书籍是智慧的钥匙。

——列夫·托尔斯泰

2.唯一好的是知识,唯一坏的是无知。

——恺撒

3.与其用华丽的外衣装饰自己,不如用知识武装自己。

——马克思

4.无限相信书籍的力量,是我的教育信仰的真谛。

——苏霍姆林斯基

5.过去属于死神,未来属于你自己。

——雪莱

第二章

少年奋烈自有时

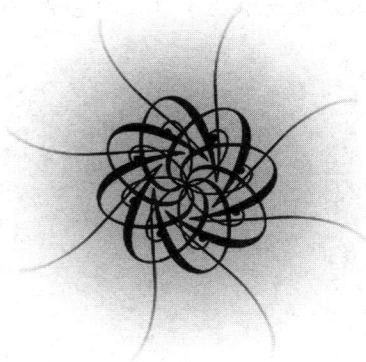

◎ 导读 ◎

　　梦想有多大，舞台就有多大！李白没有的远大抱负，就不会成为众口称赞的诗仙；拜伦没有将军之梦，就不会有惊天巨作的诞生；范仲淹没有宰相之愿，更不会有感怀人生之作。

　　梦想是每一个人上进的动力，它像一双隐形的翅膀，来帮助我们飞翔。即使我们跌落，它也会使我们有勇气再次飞翔。每个人的生命都是一只小船，梦想则是小船的风帆，让我们有了航向。让我们行动起来，建造一个属于自己的港湾……

铁棒磨成针

　　李白(公元 701—762 年),字太白,号青莲居士,唐朝著名诗人。生于剑南道之绵州(今四川绵阳江油市青莲乡)。有"诗仙"之称。是中国古代最伟大的浪漫主义诗人。被大家公认为我国古代最伟大的天才诗人之一。

　　李白开创了中国古典诗歌的黄金时代,并创造了古代积极浪漫主义文学的高峰。同时他也为唐朝诗歌文学的繁荣与发展打开了新局面。

　　李白批判继承前人文学传统并形成了独特的风格,歌行体和七绝达到后人难以企及的高度。存世作品千余篇,代表作有《蜀道难》、《将进酒》等诗篇。

　　李白的诗,想象力如"欲上青天揽明月",气势如"黄河之水天上来",无人能及,可谓空前绝后,难有后来人,堪称中华诗坛第一人。

　　李白年少时,曾有个非常有名的典故——"铁杵磨成针"。这个故事可谓家喻户晓:

　　李白从小就是个非常聪明的孩子,可是他并不怎么喜欢读书,而且常常逃课溜出去玩耍。

　　在李白 5 岁那年,有一天李白照常来到学校,和同学们坐在课桌前,摇头晃脑地跟着老师背诵课文。李白很聪明,只读了两遍就背得滚瓜烂熟。年少气盛的他便开始左顾右盼,思想溜神,不听老师讲课,最后眼睛只盯着窗外:这么好的天气,应该出去好好玩一场!他又想到昨晚妈妈给她讲的金色鲤鱼故事,那小金鲤鱼的鱼鳞金光闪闪,一定漂亮极了!李白已经完全不记得对面还有老师在讲课。老师发现李白不认真听课，就把他叫了起来："我刚才讲什么了？"

"嗯？"李白一下子清醒了，慌乱中站了起来，然后愣愣地看着老师，不知所云，无以对答。

老师生气地看着李白："李白，你再聪明也得认真听课！"

李白脸刷地一下红了，他感觉周围同学都在笑话他，自己真想找个地缝钻进去。

第二天，李白还在生气，就决定不去学校上课了，瞒着父母溜出去玩耍。李白一边走一边哼着小曲，开心极了：你们都在那学习，而我在着玩呢！李白蹦蹦跳跳地走到一条清澈的小溪边。这时，他看到了一个白发苍苍的老婆婆蹲坐溪边，不知正在干什么。他上前仔细一看，天啊，原来那个老婆婆竟在磨一根很粗的铁棒，婆婆额头上豆粒大的汗珠不断地从脸颊滚落，婆婆还是不停，只偶尔用衣袖擦擦汗水。

李白非常好奇，就上前很有礼貌地问："婆婆，你在干什么呢？"

婆婆说："我要把这铁棒磨成针！"

李白惊讶不已："那得什么时候才能磨成啊？"

那婆婆看到李白一脸不相信的样子，就停手让李白坐在他身边："孩子，你要知道，只要坚持，什么事情都可以做到。再粗的铁棒我都能把它磨成针！明白吗？"悟性甚高的李白，突然像明白了一个什么深奥的道理，使劲地点点头，然后跑回学校，开始认真读书……

这件事情给李白留下了很深刻的印象，在他以后的学习和生活中，只要碰到困难，李白都会想起那位老婆婆的话，激励自己发奋读书，努力不懈。

李白坚信"只要工夫深，铁棒磨成针"，凭着这种精神，阅读了大量书籍，为他以后在诗歌创作上取得巨大成就打下了牢固基础。

李白年少时就有着建功立业的政治抱负，他游历了蜀中不少名胜古迹，蜀中雄伟壮丽的景色，深深影响着他，使李白拥有了雄伟开阔的胸襟和伟大的志向。他虚心学习，只要碰到值得学习的人，他绝不肯放弃，即使自己晚年被称为"诗仙",他依旧抱着虚心学习的态度,四处求师。

在李白晚年时,他仍旧脚步不停地漫游名山大川,整天赏景、饮酒、吟诗。

一天,李白路过歙县(今安徽省)在一家酒铺买酒时,忽听隔壁柴草房传来一声:"老人家,你这把年纪,天天挑这么多柴,你家在哪啊?"

那老人家笑着吟道:"负薪朝出卖,沽酒日西归。借问家何处?穿云入翠微!"

李白听后一惊:如此动人的诗句,不知出自哪位高人?他立即拿起酒壶来到隔壁柴草房,可是老人早已不见了踪影。

李白赶忙问掌柜:"刚才那位吟诗的老翁是何人啊?"

"他是许宣平,最近他常到这里游历,每天天刚亮就挑柴进镇,柴担上总是挂着画瓢和曲竹杖。卖掉柴就买酒,喝醉了就一边走一边吟诗,很多人都说他是疯子呢!都说他隐居深山,但谁也不知道他家到底是在哪座山里!"

李白心想:吟唱这般精妙绝伦的诗句,我怎能不结识此人?李白转身跑出草房,追出很远,才看到一老翁走上了小桥,李白一路追着那老翁的脚步,走过小桥,穿过竹林,可就是赶不上老翁的脚步,李白筋疲力尽地靠在树边。再定睛一看,老翁竟然已经消失得无影无踪!

李白只好失望地返回。晚上,李白躺在床上一遍遍回想老翁的那首诗,李白下定决心,一定要找到这个叫许宣平的老翁,向他讨教一下。第二天一早,李白又再次来到昨天的柴草茅屋等候老翁。然而,天不遂人愿,一天,两天过去了,李白每天日出而待,日落而归,却始终未见到老翁。

李白不甘心自己错过一位良师益友,每天带着干粮和酒水,坚持不懈地等候着,他告诉自己一定要找到老翁。

一天傍晚,天边落日,橘红晚霞散漫天际。李白拖着疲惫的身体来到黄山附近的紫阳山下,穿过山口,李白看到一块巨石,上面刻着:"隐居三十载,筑室南山巅。静夜玩明月,闲朝饮碧泉。樵夫歌垄上,谷鸟戏岩前。乐矣不知老,都忘甲子年。"李白连读三遍,失声叫道:"妙哉!"心想:写诗数十载,像这样其中散发着野外香草气息的诗句,自己还是头一回领略!见到老人家一定要向他拜三拜!李白回身,恰好看到巨石边摊晒着稻谷,想着一定是老翁放在这里的,李白就坐在石边,等候老翁。

夜幕降临,李白忽然听到一阵潺潺水声,只见一位老翁划着小舟向这边驶来,李白连忙起身:

"请问您是许宣平老翁吗?"

许宣平以为来者又是请他入仕的官家,就随意指着面前那片竹林:"门前一竹竿,就是许翁家!"

李白回道:"这处处是竹林,该何处去寻?"

许翁看看李白:"你是?"

李白报上姓名,许翁不禁一惊:"你就是李白?"

李白点头。

"你为何要找许翁?"

李白就将自己的来意以及如何等候许翁的这些天一一告诉了他,许翁听后,惊讶不已:"我怎敢这番费你周折,我区区一个隐居老翁,实在是不敢当啊!不敢当!"

说罢,便要撑舟回去。

李白急忙说:"许翁,我等您近三个月,只为拜您为师,即使您今天不见我,我依旧不会放弃。"

许翁一愣,犹豫片刻,随即转身拉住李白的手,让他跳上了小舟。

从此,许翁和李白就常常在落日余晖之下,撑一小舟,在碧波荡漾的湖面上饮酒唱作,对句吟诗,坦诚交流,彼此讨教……

公元762年,李白病逝于安徽当涂,享年61岁。彼时,李白在唐代就已经享有盛名,诗作可谓集无定卷,家家有之。

他一生创作了大量的诗歌,流传至今有900多首。他的诗歌中,有大量的政治抒情诗,充分表现了他的非凡抱负、奔放的激情和豪侠的气概。他一生结识了许多良师益友,如杜甫、汪伦、许宣平……他们时常相聚,把酒吟诗,觥筹交错,言语交锋之间,就造就了一个盛唐时期诗歌大繁荣时代。

李白诗歌代表作

《将进酒》

——李白

君不见黄河之水天上来,奔流到海不复回。

君不见高堂明镜悲白发,朝如青丝暮成雪。

人生得意须尽欢,莫使金樽空对月。

天生我材必有用,千金散尽还复来。

烹羊宰牛且为乐,会须一饮三百杯。

岑夫子,丹丘生,将进酒,君莫停。

与君歌一曲,请君为我侧耳听。

钟鼓馔玉不足贵,但愿长醉不愿醒。

古来圣贤皆寂寞,惟有饮者留其名。

陈王昔时宴平乐,斗酒十千恣欢谑。

主人何为言少钱,径须沽取对君酌。

五花马,千金裘,呼儿将出换美酒,与尔同销万古愁。

逐梦箴言

一个人的天分固然重要,但是虚心之后生发的勤奋也是通往成功的阶梯之一。本节故事中,伟大诗人李白听从婆婆的教导,勤奋读书,不懈努力,才得以被后人称为"诗仙"!而他自己即使在被称为"诗仙"时,也不忘记谦虚拜师。无论成功的光环有多么耀眼,我们都应该放下荣耀,时刻勤奋学习,百尺竿头再进步。每个人都会有不足之处,学习他人的长处,弥补自己的短处,才是提升自我的必经王道。李白正是因为有着无时无刻皆思进取的心理,才会有影响后世诗歌文学走向的伟大成就。

我的未来不是梦

古典诗歌

1919年"五四"新文化运动以前产生的各种诗歌体裁形式。与之相对应的是现代诗歌。古典诗歌的定义：就文学体裁而言，古典诗歌是以汉语言文言文为载体，以语言节奏的和谐性再现生活、抒情言志的语言艺术。古典诗歌是按照产生时间的先后所划分的汉语言诗歌两大体裁之一。汉语言诗歌分为古典诗歌和现代诗歌。古典诗歌分为古典风体诗歌和古典格律诗歌。现代诗歌分现代格律诗歌和现代风体诗歌。

什么是古典格律诗歌？就文学体裁而言，古典格律诗歌是以汉语言文言文为载体，以语言节奏的最高和谐性再现生活、抒情言志的语言艺术。古典格律诗歌包括近体诗（律绝、律诗和排律）、词、曲。古典格律诗歌格律严谨，在字数、句数、平仄、对仗、用韵等方面都有明确的要求。什么是古典风体诗歌？就文学体裁而言，古典风体诗歌是以汉语言文言文为载体，以语言节奏的一般和谐性再现生活、抒情言志的语言艺术。古典风体诗歌包括诗经体诗歌、楚辞体诗歌、乐府体诗歌和古体诗。古典风体诗歌格律比较自由，不拘对仗、平仄，押韵较宽，篇幅长短不限，句子有四言、五言、六言、七言体和杂言体。三五七言兼用者，一般也算七言。

■ 展翅凌空向远方

乔治·戈登·拜伦（George Gordon, Lord Byron）是十九世纪初最伟大的浪漫主义诗人。评论家称他为是十九世纪初英国"满腔热情地辛辣地讽刺现实社会"的诗人。

1788年1月22日，拜伦出生于伦敦，他的父母是一个落魄的贵族家庭后裔。他生来就是一个瘸子，但是，这并没有影响拜伦勇敢地投身文学创作。他在诗歌里塑造了一批"拜伦式英雄"，他们英勇无畏，驰骋疆场。拜伦不仅是一位伟大的诗人，也是一个为理想战斗了一生的战士。

拜伦的父亲约翰·拜伦，年轻时在法国陆军学校受教育，毕业后到英国陆军当近士卫官。但他性烈如火，桀骜不驯，行为又粗犷野蛮，喜好豪饮滥赌，因此欠下了巨额债务。

1787年，拜伦父亲为躲避债务而流浪异国，此时身怀六甲的拜伦夫人，因为怀念故乡，便只身回到伦敦。在这里，拜伦夫人拿出所有的积蓄租了一间房子，生下了拜伦，并从此开始了他们母子相依为命的艰苦生活。

在拜伦3岁时，父亲客死他乡。这对拜伦母子不亚于一记惨重打击，丈夫早逝，儿子残疾，生活自然很是艰难。这所有的不幸遭遇，促使拜伦的母亲性格变得暴躁乖戾、喜怒无常。他开始厌恶自己这个不健全的儿子，时有辱骂殴打。拜伦的童年就是在这样一个贫困而又不安顿的家庭中长大。

拜伦四岁半时，被送进阿伯丁学校读书。他很聪明，记忆力超强，可是他并不用功学习,所以他的学习成绩很差。他常常在学校搞恶作剧,在老师眼里,他是个十分难以管束的孩子。可在同学眼里,拜伦却是一个善良而且富有正义感的伙伴,每当有同学被欺负,他都会第一个站出来打抱不平。所以,富有正义感的拜伦,在学校里竟然小有名气!

先天跛足的拜伦,童年时曾为自己的残疾而感到自卑。有一天,拜伦走在大街上,有人指着拜伦说:"这个人怎么是瘸子啊?看他长得多漂亮啊?"

拜伦听到了这句话,脸瞬间就红了:"为什么这样说我?"

拜伦哭着跑回家,躲在自己小小的房间内抹眼泪。从那以后,拜伦就很少出门,每天只坐在家里静静地读书。读来读去,他发现只有书才不会对他抛来异样的目光。拜伦如此热爱读书,平时本不太喜欢他的妈妈,突然母爱发现,就给他请来一位拉丁文教师。正是这位启蒙老师,促使拜伦从此开始迷恋历史书籍。

小小年纪的拜伦,在读过《圣经》后,开始迷恋富有传奇色彩的《一千零一夜》,这个有着神秘色彩的童话世界使拜伦如痴如醉。

拜伦常常请求母亲将关于罗马、希腊、土耳其的历史故事书从图书馆借来。拜伦废寝忘食地咀嚼着每一个文字,古代军事上一次次辉煌的战绩,和战士们的英勇,掀起了拜伦澎湃汹涌的少年雄心。

一次,拜伦和小伙伴们说:"早晚有一天,我会拥有属于我自己的一支队伍,他们穿着黑色战袍,骑着红马,他们会被称为'拜伦的黑骑兵'!"小伙伴们哈哈大笑:"就你!一个跛子?!"拜伦生气地对伙伴们大吼:"一定会有的!你们一定会看到我们黑骑兵的奇迹!"

然而,30年后,奇迹真就发生了!拜伦实现了他年少时的梦想,他果然成为了一支希腊联军的总司令,钢盔、宝剑和黑色斗篷陪伴着他走到了人生尽头。

1805年–1808年,拜伦在剑桥大学学文学及历史,他依旧是个不能刻苦学习的学生,常常逃课,喜爱赌博、饮酒、打猎、游泳、拳击等活动。可拜伦却广泛地阅读了欧洲和英国的文学、哲学和历史著作,可谓博览群书。"懒散而博学"是他学生时代的人生特点。在这期间,拜伦发表了自己的处女作诗集《懒散的时刻》。

自 1809 年 3 月起,他作为世袭贵族进入了贵族院,他出席议院和发言的次数屈指可数,可每次的发言都鲜明地表明了他自由主义的进步立场。

毕业后,拜伦开始去葡萄牙、西班牙、马耳他岛等欧洲国家游历,这使拜伦在政治上大开眼界。途中,他看到西班牙人民抗击拿破仑侵略军的壮烈景象,和希腊人民在土耳其奴役下的痛苦生活,为此,拜伦写下了长诗《哈罗尔德游记》,震撼了西方各国。

1811 年—1816 年,拜伦一直生活在自己不断变化的感情漩涡中。

1815 年 1 月,拜伦和安娜·密尔班克小姐结婚。而这一决定,是拜伦一生中最错误的选择。拜伦夫人是一个颇富偏见却又见解狭隘的女人,完全不能够理解拜伦的事业和观点。无奈,婚后一年两人分居。一时间,流言飞起,英国统治阶级对拜伦这个在政治上与己为敌的诗人发起了炮轰式的报复。拜伦正是在这一煎熬时期,将自己的痛苦感受都投入到了创作当中,在《普罗米修斯》诗集中,他宣示了自己对压迫的统治者的反抗决心。

在 1818 年至 1823 年,拜伦创作了诗歌代表作《唐璜》。这部诗体小说长达 200 小节,约有 16000 字。诗中主要描写了十八世纪末十九世纪初的欧洲,主人公唐璜是西班牙贵族青年,因为与一个贵妇人发生情感纠葛,家丑不可外扬,为了掩盖家丑,唐璜被迫出海远航。随即一系列悲惨的遭遇:沉船、与海盗之女相恋却被逼分开,又被卖身为奴……而唐璜却最终用自己炙热、勇敢的心征服了一切,并赢得了俄国女皇的青睐。此诗揭露了社会黑暗、丑恶、虚伪的一面,并奏响了为自由、幸福和解放而斗争的战歌。

诗集在 1823 年中断了创作,因当时希腊抗土斗争高涨,拜伦就毅然决定放下正在创作的《唐璜》投身于革命。虽然十六章节《唐璜》并没有完成,然而因其细腻的描写,以及独特的风格深深地影响了欧洲诗坛。

歌德曾评价其著作为"绝顶天才之作!"

1824 年，拜伦因忙于战备工作，不幸遇雨受寒，一病不起。正如他所呐喊的那样：请给我一双翅膀吧：像飞回巢中的斑鸠，我也要展翅凌空，飘然远行，安宁永久！

4 月 19 日，他在希腊与世长辞。希腊人民为此深感悲痛，全国志哀 21 天。

拜伦的一生虽然有过失望，但他从不绝望；有过悲哀，却没有丧志；有过孤独忧郁，但更多的是忧国忧民；他有过失败，可又能重新英勇奋起，他屡仆屡起，用笔用剑，谱写了自己不平凡的一生。

拜伦的诗歌无论在当时还是后世，都有着很大的影响力。鲁迅曾称拜伦为浪漫主义的"宗主"，盛赞其人其诗："如狂涛如烈风，举一切伪饰陋习，悉以荡涤。"

拜伦诗歌代表作

《哀希腊》（《唐璜》第三章　节选）

一

希腊群岛呵，美丽的希腊群岛！

火热的萨弗在这里唱过恋歌；

在这里，战争与和平的艺术并兴，

狄洛斯崛起，阿波罗跃出海面！

永恒的夏天还把海岛镀成金，

可是除了太阳，一切已经消沉。

二

开奥的缪斯，蒂奥的缪斯，

那英雄的竖琴，恋人的琵琶，

原在你的岸上博得了声誉，

而今在这发源地反倒喑哑；

呵，那歌声已远远向西流传，

远超过你祖先的"海岛乐园"。

逐梦箴言

逆境,是人生理想的沃土,往往能培养出坚强而美丽的花朵。怀抱梦想坚持不懈,一切阻碍都会迎刃而解。本节故事中的拜伦,从小生活在一贫如洗的家庭中,在周围的嘲笑与讥讽中长大。他克服了先天生理缺陷,将自己的梦想变成现实。拜伦用诗歌将自己内心思想抒写出来,将所有的困难都化作了创作动力,当梦想一旦被付诸行动,人生就会变得神圣! 只要能将梦想持久,辅之以努力,它就会实现!

知识链接

拜伦式英雄

"拜伦式英雄"是指十九世纪英国浪漫主义诗人拜伦作品中的一类人物形象。这类人物形象相继出现于拜伦笔下:他们高傲倔强,既不满现实,要求奋起反抗,具有叛逆的性格;同时又显得忧郁、孤独、悲观,脱离群众,我行我素,始终找不到正确的出路。

这对于当时英国的封建秩序和资产阶级市侩社会进行的猛烈冲击,是具有进步意义的。是个人与社会对立的产物,也是作者思想的特点和弱点的艺术反映。

我 的 未 来 不 是 梦

■ 宰相诗人

范仲淹(公元 989—1052 年),字希文,汉族,祖籍邠州(今陕西省彬县),是唐朝宰相范履冰的后人。北宋时期著名的政治家、思想家、军事家和文学家,世称"范文正公"。

范仲淹在两岁时,父亲就因病去世,母亲带着幼小的范仲淹改嫁到朱氏家中。然而,范仲淹在那里常常遭到朱家人虐待,母亲为此感到很伤心,便把他送到博山荆山寺读书学习。寂静的寺庙环境正好满足了范仲淹从小渴望读书的心愿,进入荆山寺后,范仲淹每天刻苦读书,好学不倦。

由于父亲早逝,少年时期的范仲淹过着寄人篱下的日子,而他的学习生活同样非常艰苦,常常是吃不饱,穿不暖,每天靠喝粥充饥。虽然生活如此艰苦,可是范仲淹并没有因此而沮丧,他从小胸怀大志,对自己的前途充满信心与期望。

一次,求学期间的范仲淹偶然到一座灵祠内祷告:"我希望将来做一名宰相!"这话恰好被路过的同学听到,同学哈哈大笑:"你一个穷酸书生,竟然还想做宰相?"

范仲淹听后默默不语。同学撇下一句"自不量力!"便扬长而去。

后来,范仲淹到南部应天府书院读书。应天府书院是宋代著名的四大书院之一,这里不仅聚集了许多才智俱佳的师生,且书院内藏书达上千卷,大量的书籍使范仲淹兴奋不已,他每天更加废寝忘食的读书,不断充实自己。

然而,学习环境虽然改善,可范仲淹的生活依旧苦不堪言。

喝粥、吃咸菜,有时甚至饿着肚子读书。他的一位同学是官员之子,看到范仲淹每日生活清贫,很是同情,就把范仲淹的遭际告诉了父亲,其父亲就让儿子把官员送给自己的饭菜给范仲淹带去一份。

当范仲淹看到同学端来的山珍海味,立即婉言谢绝:"谢谢你!吃不下这些!"

"你吃得太简单了,会生病的!"

范仲淹坚定地摇摇头:"如果我吃了这些美食佳肴,以后喝粥会使我变得更痛苦!我现在喝粥挺好的!"

那个同学以为范仲淹当着自己的面不好意思,便把饭放在范仲淹的面前:"我先出去了,你好好吃吧!总比你吃咸菜强!"

谁知,范仲淹决然不吃,最后直到饭菜坏掉,范仲淹未曾动过一口。

生活再艰苦,也无法阻挡范仲淹对读书的渴望。他昼夜苦读,在书院学习的五年里,他从未解衣就枕,而是倒头就睡,醒来再读。

寒冬腊月,夜晚读书容易困倦,他就用冷水洗脸,捧卷而读。

别人看花赏月,范仲淹就在六经书中寻乐。偶然兴起,便吟诗抒怀:"白云无赖帝乡遥,汉苑谁人奏洞箫?"不仅如此,周围任何动静都不能扰乱他的注意力,甚至是皇上驾到,他也不为所动,安静读书。

公元 1014 年,宋代皇帝宋真宗因为笃信道教,于是率文武百官前往亳州去朝拜太清宫。

这天,庞大的车马队伍浩浩荡荡路过南京城,百姓一听皇上来了,几乎倾城而出,争先恐后地一睹龙颜,唯有范仲淹闭门不出,一如既往地埋头苦读……

一个同学跑来报信:"快去看皇上啊,千载难逢,可别错过!"

范仲淹头也不抬:"以后会见到的!"

同学以为范仲淹读书读傻了,顿时哈哈大笑:"书呆子,皇上可不是谁都能见到的!"

范仲淹仍装作没听见,继续读书……

就这样，无论春夏秋冬，严寒酷暑，范仲淹始终孜孜不倦，博览群书。经过五年寒窗苦读，在他 26 岁那年，高中进士，入朝为官。

家里人为此大肆庆祝，范仲淹却不以为然。

起初，范仲淹在官场进步不大，一直是低等官员。终于，在他 34 岁那年，他向当时的枢密副使毛遂自荐，得到赏识。随后，范仲淹为泰州百姓大兴"盐仓治水"之举，受到当地百姓爱戴。

当时，泰州西溪一带的海堤损坏，多年未修。

这年秋天，狂风暴雨导致大量潮水涌入城中，庄稼也被这一场场暴雨淹没，肥沃土地渐变盐碱地，五谷不收，百姓因此忍饥挨饿，四处逃荒。据当时的统计，仅远走他乡的百姓就有 3000 余户。此时，当任父母官的范仲淹立即上奏朝廷，建议修复海堤为百姓解忧。

此事得到皇上恩准，于是，范仲淹带领广大灾民开始盐仓治水工程，范仲淹亲力亲为，和百姓一起治水。经过他们一番艰难的治水大战，终于将全长一百五十多里的海堤修成，逃亡灾民重返家园，范仲淹不仅得到百姓爱戴，也得到了朝廷重视。

当年取笑他的两位同学断然不会想到，当时看来的无稽之谈，如今却变为现实。此后不久，范仲淹不仅见到了当今皇上，还成为了一人之下、万人之上的朝廷宰相。

虽然范仲淹人生事业已达高峰，有享不尽的荣华富贵，可他依旧保持生活的节俭，每天粗衣淡饭，为官更是清正廉洁、公平公正。

由于他胆大直言，屡遭他人诬陷，最后导致数度被贬。范仲淹却始终保持着"不以物喜，不以己悲"的心态继续生活，从而在官场失意后，又找到了自己另一个人生目标：诗歌创作。

范仲淹文武兼备，文学才华完全来自于其年少时的博览群书。为官之时，闲暇之余，范仲淹就曾喜欢写上几首诗歌表达情怀。他在陕西任官时，就创作出了我们熟知的《渔家傲》。虽然公事繁忙，但范仲淹从没有将书本遗忘，乃至在他 58 岁时，竟还创作出了千古绝唱、古今巨作——《岳阳楼记》。

文中的"先天下之忧而忧,后天下之乐而乐"至今亦广为流传。

这篇文章深刻地表达了范仲淹对人生的态度,同时,也是范仲淹一生爱国的诗意写照。

范仲淹诗歌代表作

《渔家傲》

塞下秋来风景异,衡阳雁去无留意。

四面边声连角起,千嶂里,长烟落日孤城闭。

浊酒一杯家万里,燕然未勒归无计。

羌管悠悠霜满地,人不寐,将军白发征夫泪。

逐梦箴言

富兰克林曾说:不劳苦,无所得。

范仲淹之所以拥有过人的才华,正是因为他曾经的寒窗苦读。贫穷的家庭,困苦的环境,刻苦的学习,历练了范仲淹过人的才能,并让他拥有了足够的知识,使其拥有了更大力量。他的雄心壮志,同样是他不断前进的动力。正应了那句"天将降大任于斯人也,必先苦其心志,劳其筋骨"。范仲淹的名篇佳作更不是凭空而来,而是通过他博览群书、眼聚前贤,才得以不朽!

知识链接

中国四大书院

岳麓(今湖南善化岳麓山)书院、白鹿洞(今江西庐山)书院、嵩阳(今河南登封)书院、应天(今河南商丘)书院合称中国古代四大书院。

我
的
未
来
不
是
梦

● 智慧心语 ●

1.长风破浪会有时,直挂云帆济沧海。

——李白

2.逆境是通往真理的第一条道路。

——拜伦

3.先天下之忧而忧,后天下之乐而乐。

——范仲淹

4.立志宜思真品格,读书须尽苦功夫。

——阮元

5.伟大的成绩和辛勤劳动是成正比例的,有一分劳动就有一分收获,日积月累,从少到多,奇迹就可以创造出来。

——鲁迅

第三章

梅花香自苦寒来

◦导读◦

逆境与苦难，是一个的无价财富。生活中的阻碍，是为了让人生的花朵在日后的人生中有更加精彩的绽放。

约翰逊经历着先天残疾给他带来的求职痛苦，济慈则经历着无可医治的疾病的悲痛，艾青又经历着那个特定年代的精神折磨，穆旦却经历了因战争而带来的野人生活……苦难是进取路途上的花朵。懦弱的人全看不到苦难之花的美丽，只有坚强的人才会用另一只眼睛看到那花的美丽、花的芬芳……

■ 身残诗不残

塞缪尔·约翰逊（Samuel Johnson）是英国史上最有名的集诗人、散文家、传记家、文学评论家为一体的全能文人，也是英国 18 世纪中叶以后的文坛领袖。

约翰逊生于 1709 年 9 月 7 日，自出生起，约翰逊的体质就很虚弱，由于家境贫寒，约翰逊的父母没能及时给他医治，导致约翰逊病情加重，左眼失明，右耳无听力。

这给约翰逊的童年带来了很大伤害。小伙伴们每次看到他就跑，根本不喜欢跟他在一起玩耍，更拒绝同他一起读书。

一次，约翰逊去找伙伴们玩，结果一个小男孩对他说："我们不喜欢你！"

约翰逊觉得很奇怪，就问："为什么？"

那个男孩说："你耳朵又聋，眼睛又瞎，我们不跟你在一起！"

约翰逊的内心被深深地刺痛了，他十分恼火，就和同伴打了起来。他被打倒了，同伴很得意："就你还想打败我吗？"

约翰逊气急了，他对伙伴吼道："我以后一定会比你们强的！"随后就跑回了家。

从那以后，约翰逊很少出门，不再去找伙伴玩耍，而是开始读书。

约翰逊的父亲是一个小书店的业主。近水楼台先得月，所以约翰逊有着读不完的书。每天，他都花上大量的时间来阅读。就这样，约翰逊童年大部分的时光都是在读书中度过的。

在他 7 岁时，父亲把他送进文法学校学习拉丁文。在这里，他受到了严格教育。约翰逊刻苦学习，在他 19 岁时考进了牛津大学。

在大学读书期间，约翰逊曾用拉丁文翻译了当时一位著名诗人亚历山大·蒲柏的长诗，令人刮目相看，他也因此爱上了诗歌。然而，因为家庭贫困，父亲无力支付约翰逊的高额学费。一年后，约翰逊只得依依不舍地离开了牛津大学。

离开学校时，约翰逊曾对同学说："我一定会重新回到这里！"

三十年后，他获得了牛津大学的博士学位。

辍学回家后，约翰逊为了生活，试图开私塾教书。可是他左眼失明，右耳耳聋，学生们都不愿意来他这里读书，周围邻居也不看好他这个半残废的穷书生。最终，满腹经纶的约翰逊只得以失败告终。

1737 年，身无分文的约翰逊来到伦敦谋生，可一切仍旧不顺利。约翰逊求职屡吃闭门羹，老板们都以各种理由将约翰逊拒之门外：没有学历！长得太吓人！患有疾病！等等。面对现状，约翰逊并没绝望，因为他知道，自己的大脑不是空的，是有知识的，虽然自己长得难看，但却能写一手漂亮的文章！他坚信，自己终究会寻到自己的位置。

不久，他终于谋得一份为杂志撰稿的工作。而这正是约翰逊的特长。在为生活不断奔波的这段时间里，约翰逊一直坚持创作，虽然很多诗歌都没得到肯定，但是约翰逊并不泄气，他日复一日地进行诗歌创作。

两年后，约翰逊创作的讽刺诗《伦敦》出版。付出终于得到回报，他笔饱墨酣的文笔，深受读者喜爱，从此一夜成名。同时，也奠定了约翰逊在英国文坛的地位。

1747 年，约翰逊提出了编著英文字典的想法，但没有一个人支持他，更没有哪个王公贵族肯出资。约翰逊四处奔波，但就是没人相信他。

约翰逊坚定不移，他毅然掏出自己所有积蓄，雇用了 7 名抄写手，又找了一间简陋得只能遮风避雨的房子，开始了编著工作。

约翰逊夜以继日不停地工作，将所有精力都投入到这本字典里。他苛刻地要求自己：字典里的每一个字都必须精准！

一位朋友听说约翰逊为了编写字典，再次跌入贫民窟，就赶来对约翰逊说："你把自己所有的钱都投入其中，你怎么生活？"

约翰逊笑了笑："总有办法的！"

"可是你这么做值得吗？万一失败了怎么办？"

约翰逊对朋友说："那就权当是学习了！"

朋友见约翰逊如此固执，只能摇头叹息："这太不值了！"

约翰逊不顾一切选择向文学道路前进。这期间，他饱受疾病折磨，贫困之中又逢丧妻之痛。但种种遭际与痛苦，都没能使约翰逊停下奋斗的脚步。

8年后，经过约翰逊和同伴的共同奋斗，《约翰逊字典》终于问世！

约翰逊的名字再次回响在英国文坛上！

虽然名声大作，可是他的生活仍旧很拮据。

在约翰逊母亲逝世时，约翰逊甚至没有能力支付母亲殡殓费用。他不得不强忍丧亲之痛，继续写作以解燃眉之急。而这部仅仅用了一周时间就创作而成的中篇小说《阿比西尼亚国拉塞拉斯王子传》，成为了代表他人生哲学的重要作品。

后来，文友常常在伦敦举办文学聚会，著名的文学家、戏剧家等人相聚交流。在聚会上，人们更喜欢互相传诵约翰逊的诗歌。约翰逊的诗歌成为当时主流社会上的主要角色。

步入中年的约翰逊虽然已经是一位大家耳熟能详的大诗人了，但是他并没有因此而自满，他重返校园，弥补他没有完成学业的遗憾。

1765年，56岁的约翰逊被授予都柏林三一学院名誉博士学位，十年后他获得了牛津大学学位。

有谁会想到，这位给英国文坛做出了巨大贡献的大文豪，前半生是一个名不见经传的残疾人，后半生却是英国家喻户晓的大文人呢！

苦难是成功之母！只有历经苦难的人，才有奋斗的动力，而奋斗乃成功之父。本节故事中的约翰逊，从小命运不济，身患重病，且家庭贫困，就连学业都无法完成而半途而废，求职路上屡次跌倒……这所有的不幸遭遇，并没有使约翰逊对生活失去信心，他反而以乐观、坚强的心态去面对每一天。约翰逊直至晚年才有所成就，正是他坚持在苦难之中不懈奋斗的精神，才使他成为英国文坛上的一颗璀璨明珠！

知识链接

《约翰逊字典》

《约翰逊字典》是一本可读性相当高的著作，充满典雅的文学词句以及各种古怪有趣的知识。它最大特色是例句广泛取材自著名的文学作品，如莎士比亚、约翰·弥尔顿等，整本字典更像是一册文集，可以随时随地取阅以排解沉闷。对字义的解释尽可能具体准确，一改过去"大而化之"的风格。

《约翰逊字典》开创了英文词典学的新阶段。在此之前，英国只有冷僻的难词或新词语的汇编。约翰逊从大量文学著作中搜集素材，选出例词例句。他涉猎极广，他在条目中提到富兰克林的电学发明，引用了大量名作名句，这在当时是词典学的创举。此外他还注意日常用词的解释，规范了当时的英文拼法。在1828年美国韦氏大词典问世前，它是最具权威的英文词典，并受到法国和意大利学者的赞赏。

■ 气馁乃绝望之母

约翰·济慈 1795 年生于伦敦,是英国最著名的作家之一。他是浪漫学派的主要成员,被十九世纪的欧洲推崇为浪漫主义运动的杰出代表。

济慈从小就十分喜爱文学,很早就尝试写作诗歌。童年时代在埃菲尔德学校接受过传统、正规的教育,师长克拉克在阅读和写作方面给了他很大鼓舞。但由于家境窘困,济慈在不满 16 岁的时候即辍学回家。

济慈生活在一个卑微贫穷的家庭,父亲是马厩饲养员。在当时的英国社会上, 他父亲完全没有地位可言, 所以济慈一家始终生活在社会最底层。生活不仅艰苦,还常常受尽凌辱,所以,济慈的童年生活非常困苦艰难,甚至令他感到悲伤。

更出人意料的是,济慈的父母在他年少时就相继离世。身为长子,他不得不担当起照顾弟妹的职责。济慈给一位药剂师当学徒,所赚微薄,聊以填补家用。

济慈从小很聪明,悟性极强,通过向师傅认真学习,五年后,他成功考入伦敦一所医学院。可是济慈对医学毫无兴趣,在校学医不足一年,他就放弃了学业。回家后,他开始专心创作他热爱的诗歌。

1817 年,22 岁的济慈出版了自己的第一部诗集,虽然引起当时文学界的一些好评,但批评的声音似乎更多。

不仅如此,后来还有一些更为苛刻的攻击性评论,堂而皇之地刊登在当时一家非常有影响力的杂志上。更多讥讽扑面而来,济慈心中的那团火近乎被浇灭了。一个初出茅庐的作者,遭受如此恶毒的评论,无疑会扼杀济慈那颗火热的心。

然而,济慈并没有被这些恶语相向所击倒。

他曾对朋友们说:"气馁是绝望之母!"

抱着决不气馁的心态,济慈开始冷静思考,他研究那些批评他诗歌的言论,仔细研究后发现自己的诗歌确有需要改正的地方。

这一年,济慈在潜心创作的同时,也选择了虚心接纳别人意见。

第二年春天,济慈根据古希腊的一个美丽神说,出版了自己第二本诗集。诗中饱含着济慈对自由的追求与渴望,加上他丰富的想象力,充分表明了他反对古典主义的进步倾向。

不过他依旧未能幸免,他遭到了保守派的强烈攻击,他们甚至对济慈轻蔑地说道:做一名挨饿的药剂师可比挨饿的诗人强多了!所以,你还是回你的药店去吧……

面对如此恶劣的攻击,济慈仍旧不动声色。在创作之初,他就已经想到自己的诗集一经发行,必然会受到不同的评论,不过这也恰好让济慈看到自己的不足之处,所以济慈不再伤心难过,反而更加拼命地创作。

又一个春天到来了,济慈又出版了新诗集。因为接受了别人的建议,此时济慈的诗歌读起来显得成熟很多。济慈的生活不仅仅有诗歌,还有旅行,他对外面的大千世界充满着好奇。所以,他开始在周边的国家旅行,而途中大自然的山山水水,成为了济慈诗中的主角。

一次,在济慈前往英格兰北部旅行途中,他接到弟弟汤姆患肺结核的消息,这突如其来的消息,让济慈不寒而栗。他立刻放弃旅行,回到家中照顾弟弟。年底,弟弟汤姆还是去世了。弟弟的突然离世,令济慈格外悲伤,为了使自己能够早日走出亲人离去的阴影,他寄住进朋友家。在那里,济慈爱上了一个姑娘,一个邻家女孩,她深深地吸引了济慈的目光。

可命运似乎不怎么偏爱济慈,同女孩相处仅有几年的甜蜜时光,济慈的身体就出现了异常:身体疲惫,四肢无力,呼吸困难。济慈明白,自己得了跟弟弟一样的病,并且将不久于人世。

因为肺结核具有非常强的传染力，济慈为了不让自己深爱的女孩染病，决定远离女孩，他们每天隔窗相望，以解思念之苦。他们深刻体会到虽然彼此近在咫尺，却似今生诀别。

但就在这样一段集疾病、悲痛、思念于一身的时间里，济慈竟然还是创作出了大量作品，乃至达到了他人生的创作高峰。济慈创作的诗歌文字艳丽，想象力丰富，尤其对大自然的描写更是惟妙惟肖。在他的诗中，到处都是大自然的美丽风光，草长莺飞、山清水秀……人们根本看不到他的一丝痛苦。

据说，有一天，济慈看到邻家飞来一只夜莺。在接下来的几天中，夜莺每晚都不知疲倦地唱歌，而济慈每晚也静静享受着大自然送给他的美妙歌声。夜莺的欢快，使他感到很快乐。渐渐地，济慈不再因为病痛而伤心，而是选择接受夜莺快乐的传达，即使他剩下的日子屈指可数，他也不难过。当人意志坚定，即使是死神降临，也会因为你的执著而退却三分。

济慈看在他接近死亡边缘的时刻，竟仅用三个小时就创作出这首八段八十行的长诗——《夜莺颂》。

这是一部令人感叹不已的杰作。

他在生命最后时刻，为诗坛留下了一笔宝贵遗产。

济慈虽然呕血早逝，可他的著作并没有因为他的离去而夭折。

诗歌，是济慈馈赠我们最珍贵的礼物。

徐志摩曾评价《夜莺颂》："千万里外的星亘古地亮着，树林里的夜莺到时候就来唱着，济慈的《夜莺颂》永远在人类的记忆里存着。"

虽然他在这个世界上仅仅生活了25年，可是在他短暂的一生中，却给我们留下了冗长的文学长卷。

济慈逝世后，曾有人这样说道："1821年2月23日，他客死罗马，安葬在英国新教徒公墓，年仅二十五岁。……如果天借以年，他能够达到什么样的成就，是难以意料的。但是人们公认，当他二十四岁停笔时，他对诗坛的贡献已大大超越了同一年龄的乔叟、莎士比亚和弥尔顿。"

济慈诗歌代表作

《夜莺颂》(节选)

你仍将歌唱,但我却不再听见——

你的葬歌只能唱给泥草一块。

永生的鸟呵,你不会死去!

饥饿的世代无法将你践踏;

今夜,我偶然听到的歌曲,

曾使古代的帝王和村夫喜悦;

或许这同样的歌也曾激荡,

露丝忧郁的心,使她不禁落泪,

站在异邦的谷田里想着家;

就是这声音常常,

在失掉了的仙域里引动窗扉:

一个美女望着大海险恶的浪花。

呵,失掉了! 这句话好比一声钟,

使我猛醒到我站脚的地方!

别了! 幻想,这骗人的妖童,

不能老耍弄它盛传的伎俩。

别了! 别了! 你怨诉的歌声,

流过草坪,越过幽静的溪水,

溜上山坡;而此时,它正深深,

埋在附近的溪谷中:

噫,这是个幻觉,还是梦寐?

那歌声去了:——我是睡? 是醒?

逐梦箴言

在济慈的墓碑上,刻着他自己生前写下的墓志铭:此地长眠者,声名水上书。可见,济慈将自己一生的荣耀视为过眼云烟。相比其他诗人,济慈的家庭环境可谓是糟糕透了,卑微的家庭,低贱的身份,让很多人都瞧不起他,辱骂他,而这一切并没有夭折济慈热爱生活、热爱文学的精神,他选择了不气馁、不妥协,勇敢追求美好的文学生活。正是因为济慈对文学的不懈追求,才使他得以在逆境中不断成长、成功。

知识链接

浪漫主义运动

浪漫主义运动在艺术上、在文学上以及在政治上,都是和这种对人采取主观主义的判断方式相联系着的,亦即不把人作为集体的一个成员而是作为一种美感上的愉悦的观照对象。猛虎比绵羊更美丽,但是我们宁愿把它关在笼子里。典型的浪漫派却要把笼子打开来,欣赏猛虎消灭绵羊时那壮丽的纵身一跃。他鼓励着人们想象他们自己是猛虎,可是如果他成功的话,结果并不会是完全愉快的。

我的未来不是梦

挺起脊梁成大器

　　艾青,中国现代诗人。原名蒋海澄,后改名为艾青。字养源,笔名莪伽、克阿、林壁。

　　1910 年 2 月 17 日,艾青生于浙江金华一个地主家庭。出生时,他的母亲遭遇当时并不多见的难产,挣扎了三天三夜,艾青才呱呱坠地。因此,他的出世引发人们猜测,同村一算卦先生竟说艾青"克父母"!

　　因此,艾青从小就是一个不受欢迎的人。甚至,父母都不让他叫"爸爸妈妈",只能叫"叔叔婶婶"。

　　尽管如此,家里人还是觉得他会给家里带来不幸。不久后,他们就把艾青托付给一个叫大堰河的妇女收养。

　　这个贫苦的农妇已有五个儿子,每天以种地,砍柴为生,日子过得十分艰苦。

　　艾青聪明懂事,很讨农妇喜欢,所以,她对艾青格外疼爱。

　　在艾青的童年记忆中,一贫如洗的生活占据了他大半的童年记忆。在农妇家,每年只有过年的那天才会吃一次肉,所以,艾青喜欢过年,也爱过年。

　　虽然艾青在 5 岁那年离开了那里,而农妇大堰河对他的爱,却深深烙印在艾青心中。在他日后的创作中,读者常常会看到农妇的影子。

　　接受教育后,艾青喜欢读各类文学书籍。可是他在这方面并没有显示出过人的才华,反倒是他的绘画才华被很多人称赞。

1928 年艾青考入杭州国立西湖艺术学院,进入绘画系学习。第二年,艾青决定到巴黎勤工俭学。

在那里,艾青的人生发生了巨变。

艾青在学习期间,接触到了欧洲现代派诗歌。诗中简洁凝练、富有深刻哲理的诗句,深深地吸引了艾青。从那以后,艾青除了画画以外,就是勤奋阅读诗歌。

比利时著名诗人凡尔哈仑的作品是艾青的最爱。

凡尔哈伦描写人物、自然都十分逼真,诗词通俗却不俗气。艾青认真阅读他的诗歌,对其以后的创作影响颇深。

回国后,艾青加入了中国左翼美术家联盟,义无反顾地从事革命文艺活动,不久被捕入狱。狱中,艾青开始翻译凡尔哈伦诗歌,渐渐对诗歌创作产生了浓厚兴趣。

1932 年的冬日,艾青仍被关押在看守所中。一天早晨,艾青起床后,通过看守所狭小窗口看到外面一片白茫茫雪景,他突然想起自己童年的生活,他和那个叫大堰河的农妇一起生活的日子。皑皑白雪,引发起他对大堰河的怀念,激动难抑的艾青激情澎湃地奋笔疾书,写下了一首后来人们熟知的长诗——《大堰河——我的保姆》。

诗中,艾青将自己对大堰河的思念与留恋展露无疑。

后来,这首诗几经辗转,两年后才得以发表。诗歌刊登后,立即引起了文坛轰动,而"艾青"这个笔名也是在这里第一次使用,艾青从此一举成名,成为中国家喻户晓的诗坛明星。

据说,当时艾青在写完这首诗要署名时,他把蒋字的"艹"字头写下后就停了笔,他想到,自己此刻身陷国民党监狱,受尽苦难,而这一切都是因为蒋介石,他羞于和蒋介石同姓,一怒之下,他便信手在"艹"字头下面打了个"乂",而这恰好是一个"艾"字,便决定从此以"艾"为姓。又因为艾青原名"海澄"的家乡口语谐音为"青",于是艾青就这样成了他的笔名。

1936 年,艾青出狱后,出版了第一本诗集《大堰河》。第二年抗战爆发后,他来到武汉写下《雪落在中国的土地上》。

1938 年初,他来到西北地区,先后创作了《北方》等著名诗篇。同年他又到桂林任《广西日报》副刊编辑,又与戴望舒合办诗刊《顶点》,此间较重要作品有《诗论》。

艾青的创作高潮是在遍地抗日烽火的那段日子,艾青深切地感受到了那个时代的精神,这激发了他内心深处的热情。这一时期,他共出版了9 部诗集,慷慨激昂地歌颂了祖国的战斗,同时,他又用深沉、悲痛的诗句诉说了战争给民族带来的苦难。他的呐喊激动人心,诗歌一经发表,即赢得广大民众传诵。

1957 年"反右"时期,作家丁玲等人被打成"反党集团"。而作为丁玲的朋友,艾青自然未能幸免。虽然他没有写过一张大字报,没有任何攻击党的言论,他只是替丁玲说过话,对文艺界宗派主义发过牢骚,他就成了大右派,遭受一连串惩罚,被开除党籍,撤销一切职务。家人也被株连,艾青妻子被单位强逼检举、揭发他,还多次被要求与他划清界限。

一次,单位开集体会议,所有人的目光都盯着艾青妻子,但她却十分坚定:"我确实没听过!自己没有办法揭发!"顿时,各种辱骂扑面而来,艾青妻子百口莫辩,只好辞职。艾青听到此消息后,自责地对妻子说:"让你跟我受苦了!"

在这段岁月中,艾青所遭受的不仅仅是精神上的打击,还有肉体上的折磨,他被送到黑龙江、新疆等偏远地区生活,不得不终止创作长达二十年之久。虽然艾青的笔停止了写作,可是他的大脑却没有停止思考。

1979 年,平反后的艾青灵感如潮。《归来的歌》和《雪莲》均获得中国作家协会全国优秀新诗奖!

王者归来!艾青的创作生涯再次迎来了巅峰时刻。

不久,艾青开始担任中国作家协会副主席、国际笔会中心副会长等职务。在此期间,他多次到欧美一些国家旅行、访问,这为他日后诗歌的创作注入了许多新鲜元素。

1985 年,75 岁的艾青被法国授予文学艺术最高勋章,这是中国诗人得到的第一个国外文学艺术最高大奖。这不仅是艾青的荣誉,也是中国的荣誉!

他的一些著作如《我爱这土地》等诗歌也被选入教材中,被后人传诵。

1996 年 5 月 5 日,86 岁的艾青因病逝世。

艾青一生出版诗集多达 20 部以上,论文集《诗论》《新文艺论集》、《艾青谈诗》,以及散文集和译诗集若干本,其文字还被译成 10 多种外文在国外发行,在多个国家享有盛誉!

艾青在中国新诗发展史上,是推动一代诗风、产生重要影响的诗人之一!

艾青诗歌代表作

《我爱这土地》

假如我是一只鸟,

我也应该用嘶哑的喉咙歌唱:

这被暴风雨所打击着的土地,

这永远汹涌着我们的悲愤的河流,

这无止息地吹刮着的激怒的风,

和那来自林间的无比温柔的黎明……

——然后我死了,

连羽毛也腐烂在土地里面。

为什么我的眼里常含泪水?

因为我对这土地爱得深沉……

逐梦箴言

　　有时，痛苦能够毁灭一个人。但，有时受苦的人也能把痛苦消灭掉！艾青痛楚满身、起伏不定的一生，有欢笑更有泪水。他从无人不晓的大诗人，一夜之间沦为"右派"，这对于任何人来说都是一个巨大打击。但二十多年后，他重新站了起来！人生坎坷与波折常在，但是勇士精神却不一定常存。所以，只要我们拥有坚强无畏的精神，就必定会战胜一切人生挫折与坎坷，终成人生大器。

　　有梦想，希望就在！有挫折，才有辉煌！

知识链接

现代派诗歌

　　20 世纪 30 年代，在中国产生的现代派诗歌，普遍受到法国象征主义诗歌的启发和影响。同时又承接了以李金发为代表的 20 年代中国象征诗派的某些艺术追求。30 年代，中国现代派诗歌特别追求诗歌创作在总体上所产生的朦胧美，追求以奇特观念的联络，和繁复的意象来结构诗的内涵。现代派诗人往往以其特有的青春病态心灵，咏叹着浊世的哀音，表达着对社会的不满和抗争，也流露出人生深深的寂寞和惆怅。

■ 中国的"海明威"

穆旦本名查良铮,曾用笔名梁真、穆旦。与著名作家金庸(查良镛)为同族叔伯兄弟,皆属"良"字辈。穆旦是著名爱国主义诗人、翻译家,是"九叶诗派"代表诗人。

20 世纪 80 年代以后,穆旦被许多现代文学专家推崇为现代诗歌第一人,并成为中国现代诗派的杰出先驱。

1918 年,穆旦出生于浙江宁海,先辈曾中过进士,并担任过康熙皇帝的文学侍从,祖父也是清末官员。

到了穆旦父亲这一代,家道渐趋没落,其父亲只是一小吏,一生无所作为,导致家道中落,全家依靠变卖旧物维持生计。其母亲平素节俭,虽没读过多少书,但很会教育子女,常告诉穆旦要多读书、多写字。穆旦很懂事,听从母亲的教导,发奋读书。

从小具有文学天赋的穆旦,6 岁就在当地报纸发表文章,被周围邻居称赞。

11 岁进入南开中学读书,穆旦在此受到了良好的文学熏陶。他被诗歌的魅力深深吸引,并试图开始创作。

当时,正值日本侵华战争,穆旦怀着满腔热血创作爱国诗。在校期间,穆旦用本名在校刊上发表了 4 篇论文和 8 首诗歌。虽然作品没有引起人们的注意,但穆旦却越发喜欢起诗歌创作。他 16 岁那年,穆旦这个笔名诞生,意味着追求光明,并在随笔《梦》中,第一次使用。

1935 年,穆旦考入清华大学。入校后,穆旦阅读了大量外国诗人名作,其中雪莱是他最崇拜的诗人之一,穆旦阅读、研究了雪莱所有的诗集。

进入清华后,穆旦在进行诗歌创作时,注重取长补短,将中西诗歌精髓汇集一身,创作出简单易懂的现代诗,并在《清华周刊》和一些有名望的报刊上发表很多诗歌。一时间,才华横溢的穆旦成为了一个很有名气的青年诗人。

毕业后,穆旦留校任教,虽然创作仍在继续,可是他的内心更关注着国家安危。

1942 年,24 岁的穆旦怀着"天下兴亡,匹夫有责"的雄心壮志,参加了中国远征军,前往缅甸抗日战场任司令部随军翻译。

战场上的每一天,对于穆旦来说都是生死考验,但穆旦却为自己的决定感到骄傲与自豪,还为此创作很多诗歌,来表达自己溢于言表的心情。

穆旦曾参与了震惊中外的野人山战斗。

那天,队伍准备大撤退,所有人都急着赶路。不料,穆旦却与战友走散了。

激烈的战场上,穆旦的战马重伤而死,此时日军仍旧穷追不舍,无奈之下,穆旦只身一人开始逃亡。

穆旦跨过一具具尸体艰难前行,最后他跑到了胡康河谷森林中。死寂沉沉的森林,令人毛骨悚然。穆旦在那里不知待了多少日子,他每天遭受毒蚊叮咬,又有莫名其妙的昆虫不断往他身上爬。没几天,穆旦就染上了疾病:大腿肿痛,时而大汗淋漓,时而瑟瑟发抖,他还常常幻觉自己听到战场上战友们厮杀拼搏的声音。热带雨林的亡命生活,折磨得他疲惫不堪,饥饿难忍,渴了就喝雨水,饿了就吃些热带水果。穆旦不断鼓励自己:一定会走出这片森林!

穆旦创造了奇迹,他竟然拖着病怏怏的身体,徒步走出了这片大森林,而且一路走到了印度。

在消失的五个月中,穆旦忍饥挨饿,有一次甚至断粮八天,他受尽病痛折磨,拖着行动不便的腿,以超出常人的意志力,顽强地为自己走出了一条生存之路。当他重新看到生命的曙光时,他更坚信生活的美好和自己的幸运。

死里逃生的穆旦因此创作了许多诗歌,专门记录这段令他此生难忘的生死之旅。著名诗篇《森林之魅——祭胡康河上的白骨》,就是在他经历九死一生之后创作而成,被称为中国现代主义诗歌史上著名诗篇。另有相关创作《阻滞的路》、《活下去》都受到了诗坛好评。此次的磨难使穆旦在不经意间成熟了许多,作品也因此更加成熟、丰满和厚重起来。

1949 年,穆旦自费留学美国,专攻英美文学、俄罗斯文学,接触到西方现代诗歌后,穆旦的创作思路也渐渐发生了转变。

当时的留学生活十分艰苦。为了维持生计,穆旦半工半读、勤俭节约地生活,常常工作到深夜……

一段时间,穆旦成为邮电局送邮包的力工,每天要忙到凌晨三四点钟才能回到宿舍。筋疲力尽时,他还是要翻开书本阅读学习。

穆旦的勤奋与坚持,注定了他在文学道路上的前进与发展。留学期间,穆旦创作的大部分诗歌都在美国报刊杂志上刊登过,他渐渐地在美国诗坛也拥有了一席之地,人们对这个刻苦的中国留学生刮目相看。

当时,著名诗人赫伯特在编选的《世界名诗库》中,就收录了穆旦的诗歌《饥饿的中国》和《诗八首》,而此诗集中仅有两名中国诗人入选。

穆旦的文学成就虽然在美国有着相当地位,但他却认为:"只有在祖国的土地上,才能创作出更好的作品!"所以毕业后,穆旦毅然决定回国,在南开大学任副教授。

但世事难料。

1958 年,穆旦因为一篇诗歌作品而被指"反革命"。为此,穆旦专门写了一封检讨——《我上了一课》,结果谁料这真成了穆旦的"最后一课"。

穆旦在南开大学图书馆受管制期间,经常帮人刷洗马桶,后来又到洗澡堂接受劳动改造,先后十多年的管制、劳改、批判,一个伟大的诗人,就这样被活活地扼住了创作源泉。

对于穆旦来说,终止诗歌创作长达 20 年,这比曾经的磨难更令人悲痛。

　　直到 1974 年,穆旦仍在接受管制劳动,女儿也为此遭到连累,被分配到天津塑料厂当工人。没有诗歌,穆旦只能做翻译,有时辅导女儿英语,可是他内心更加热爱创作,穆旦无时无刻不在构思。第二年,穆旦恢复创作,以惊人的力量一举创作了《智慧之歌》、《停电之后》、《冬》等近 30 首作品,顿时轰动了中国诗坛。

　　正当 59 岁的穆旦鼓足干劲准备开辟一片新天地时,却因为心脏病突发而逝世。

　　穆旦逝世两年后,他身上的污点才被洗去。

　　穆旦的许多作品永远被读者铭记在心。

　　他的诗歌《赞美》被列入今天的语文教材,世人还赞誉他——"中国现代诗史上的"海明威!

穆旦诗歌代表作

《赞美》(节选)

　　　　　　走不尽的山峦和起伏,河流和草原,
　　　　　　数不尽的密密的村庄,鸡鸣和狗吠,
　　　　　　接连在原是荒凉的亚洲的土地上,
　　　　　　在野草的茫茫中呼啸着干燥的风,
　　　　　　在低压的暗云下唱着单调的东流的水,
　　　　　　在忧郁的森林里有无数埋藏的年代。
　　　　　　它们静静地和我拥抱:
　　　　　　说不尽的故事是说不尽的灾难,沉默的
　　　　　　是爱情,是在天空飞翔的鹰群,
　　　　　　是干枯的眼睛期待着泉涌的热泪,
　　　　　　当不移的灰色的行列在遥远的天际爬行;
　　　　　　我有太多的话语,太悠久的感情,
　　　　　　我要以荒凉的沙漠,坎坷的小路,骡子车,
　　　　　　我要以槽子船,漫山的野花,阴雨的天气,

我要以一切拥抱你,你,

我到处看见的人民呵,

在耻辱里生活的人民,佝偻的人民,

我要以带血的手和你们一一拥抱。

逐梦箴言

成功,是给有不惧人生艰难困苦而又有生活理想的人准备的礼物。本节故事中的穆旦,经历了人生三起三落,诸多挫折坎坷,虽然他最后带着遗憾而去,但他的创作却影响了后世。穆旦向我们证明:再恶劣的环境下,我们也要生存下去,再糟糕的处境,我们也要活得精彩。正如穆旦所说:一个人到世界上来总是要留下足迹!他的足迹成功地铭刻于读者的心中,忘不掉,也抹不掉。

知识链接

九叶派诗人

九叶诗派,在文学观念上,首先主张的就是"人的文学"、"人民的文学"和"生命的文学"的综合体。他们既反对逃避现实的伪艺术论,也反对扼杀艺术的唯功利论,而企图在现实和艺术之间求得恰当的平衡。因此他们强调反映现实与挖掘内心的统一,诗作视野开阔,具有强烈的时代感、历史感和现实精神。在艺术上,他们自觉追求现实主义与现代派的结合,注重在诗歌里营造新颖奇特的意象和境界。他们承继着中国新诗现代主义的传统,为新诗的发展做出了巨大贡献。

我的未来不是梦

• 智慧心语 •

1.人的志向通常和他们的能力成正比例。

——约翰逊

2.失望虽然常常发生,但总没有绝望那么可怕。

——约翰逊

3.人间没有永恒的夜晚,世界没有永恒的冬天。

——艾青

4.不读书的人,思想就会停止。

——狄德罗

5.读书是易事,思索是难事,但两者缺一,便全无用处。

——富兰克林

第四章

兴趣是成功的翅膀

◎ 导读 ◎

　　由兴趣引发的热爱，才是人生成功最好的导师。

　　三百六十行，行行出状元。无论今生我们从事什么职业，兴趣才是我们走向成功的第一步台阶。泰戈尔热爱诗歌，所以才走上诗歌创作的道路。如果我们用兴趣去工作，不仅事半功倍，也会快乐无比；可是如果将工作视为生活负担，那只会让我们感到痛苦不堪，甚至最终放弃。

　　兴趣是一种非常奇怪的情绪和眼光，它身处某种特殊环境，甚至来自某些特殊的人物，这些都会使我们在自己内心的深处发生兴趣的革命。莎士比亚说：学问必须合乎自己的兴趣，方才可以得益！那么，那些伟大的诗人们，有什么兴趣爱好呢？

■ 写国歌的诗人

拉宾德拉纳特·泰戈尔（Rabindranath Tagore），1861 年 5 月 7 日生于加尔各答市。印度诗人、哲学家，也是印度民族主义者。泰戈尔是具有世界影响的作家，被印度人民称为"诗圣"。

1913 年，泰戈尔成为第一位获得诺贝尔文学奖的亚洲人。

泰戈尔生长在一个富有文学底蕴的家庭，在众多兄弟中，泰戈尔最小。他的哥哥、姐姐也都很有才华，有的是小说家，有的是剧作家。所以，泰戈尔家每天都有文人进出，络绎不绝。

泰戈尔父亲是位有名望的哲学家和社会改革家，他对文学有着浓厚的兴趣。所以，泰戈尔就成了父亲的培养对象。优越的家庭环境，使泰戈尔从小就接受了很好的教育。

泰戈尔的童年并不快乐。泰戈尔的母亲很早就去世了，他的父亲又常常外出，所以，他的童年生活几乎都是和保护他的男仆们度过的。男仆们为了避免不必要麻烦，就常常在泰戈尔玩耍的地方画圈圈，把他圈起来，还吓唬他：出来了，坏人就会把你抓走！

泰戈尔每天都备受煎熬，他像一只小鸟一样被关在笼子里，完全没有自由。

随着泰戈尔慢慢长大，他越来越渴望走出去，看看外面的世界。

后来，泰戈尔的哥哥们上了学，这使年少的他羡慕不已。

他每天哭闹着要跟哥哥去学校，可是起初并没有人理会他。泰戈尔并未就此罢休,每天,当哥哥放学回家做作业时,泰戈尔就坐在他们身边,有时甚至学着哥哥们动笔写起来。不久后,他的家人将他送进学校。

进入学校后,泰戈尔更加努力学习。年终考试,他的成绩常常名列全校榜首。泰戈尔虽然喜爱读书,却不喜欢学校死气沉沉的学习氛围。泰戈尔的父亲知道后,便给他请了位家庭教师。

这期间,泰戈尔读了很多诗歌,并且对诗歌的兴趣越来越浓厚。

泰戈尔 12 岁那年,父亲为他举办了成人仪式。父亲知道泰戈尔对外面世界的渴望,就在仪式结束那天,他对泰戈尔说:"你喜欢现在的生活吗?"

泰戈尔看着父亲回答:"喜欢,不过,我更喜欢外面的世界!"

父亲笑了:"我要去喜马拉雅山旅行,你想要去吗?"

泰戈尔高兴得跳了起来:"当然想去!"

火车一路飞驰,一切自然景观都映入泰戈尔的眼帘,广阔的田野,清碧的溪流,翠绿的树林……眼前的大自然景象让泰戈尔兴奋不已,这是他第一次感受到自由的欢乐!

当泰戈尔跟随父亲费尽周折登上峰顶时,泰戈尔眺望覆盖皑皑白雪的高峰,他纵情地喊着、唱着,完全陶醉在大自然的美景中。泰戈尔父亲指着对面山峰说:"想要看到美丽的风景,就必须克服登山的困难!其实人生和登山一样,途中总会出现不同的障碍,需要你去跨越。"

在这段长达四个月的旅途生活中,泰戈尔每天和父亲朝夕相处,和父亲散步、骑马、读书,听父亲讲述天文地理知识。有时,父子俩还一起探讨诗歌,讨论更喜欢哪位诗人。一说到诗歌,泰戈尔就显得异常兴奋,父亲发现泰戈尔对诗歌的兴趣极大,就对他说:

"我喜爱文学,在书中,我永远都不会觉得烦恼!如果你喜欢诗歌,那就要不断努力,不尝试,你永远体会不到其中的快乐!"

此次旅行对泰戈尔以后的人生影响颇深,他深刻体会到,要想看到峰顶的美丽风景,就必须要克服途中的困难。

快乐的旅游生活一晃而过,一路美丽的风光和父亲的教诲都深深印在了泰戈尔的脑海里。

旅行结束后,泰戈尔一直记得父亲的话:喜欢就要去尝试!

一天夜里,泰戈尔翻来覆去睡不着,回想那一路绮丽的自然风光,泰戈尔突然有了创作灵感,他拿起笔,在灯光下,写下了自己的第一首小诗。这一年,他十二岁。

父亲知道后,十分高兴:"既然喜欢,就一定要坚持做下去!"

从那以后,泰戈尔开始不断写诗,不是老师留给他的任务,而是他留给自己的作业。久而久之,家里人就称泰戈尔为"小诗人"!

1878年,17岁的泰戈尔随哥哥去英国留学,并开始接触社会,同时接受民主思想的熏陶。两年后,泰戈尔回国,开始专心从事他热爱的文学创作。

泰戈尔一生比较幸运,始终都在从事自己喜欢的职业,他的文学事业也在不断攀升。

1912年至1913年,泰戈尔迎来了他诗歌创作的高峰。他创作的最能代表他思想观念和艺术风格的作品《吉檀迦利》出版。一时间,几乎全世界都掀起一股泰戈尔爱情诗歌热潮。在随后几年中,泰戈尔又相继出版了一些诗集,如富有哲理的格言诗集《飞鸟集》,还有一部生命之歌《园丁集》。这些诗歌,奠定了泰戈尔在诗坛上的重要地位。

泰戈尔不仅创作诗歌,还擅长作曲和绘画。所做歌曲《人民的意志》,1950年被定为印度国歌。

泰戈尔一生共创作了50多部诗集、12部中长篇小说、100多篇短篇小说,还有20多部剧本及大量文学、哲学、政治论著,并创作了1500多幅画,谱写了难以统计的众多歌曲。

泰戈尔还涉猎文、史、哲、艺、政、经等范畴,几乎无所不会,无所不精。他的作品反映了印度人民在帝国主义和封建种姓制度压迫下,要求改变自己命运的强烈愿望,描写了他们不屈不挠的反抗斗争。诗中充满了鲜明的爱国主义和民主主义精神,同时又富有民族风格和民族特色,具有很高的艺术价值,深受印度人民群众的喜爱。

1941 年 8 月 7 日,80 岁的泰戈尔逝世。

泰戈尔是个勤奋的诗人,他的诗歌创作从未间断过。他热爱文学,热爱诗歌,可以说,在泰戈尔的一生中,文学占据了他的全部! 为了它,泰戈尔付出很多!

爱尔兰诗人叶芝曾评价泰戈尔的一生:

"泰戈尔的一生十全十美;他年纪很轻时写了许多描绘自然景物的作品,他会整天坐在花园里;从 25 岁左右到 35 岁光景,他心中怀着极大的哀伤,写下了我们的语言中最美丽的爱情诗。"

泰戈尔诗歌代表作

《雨天》

乌云很快地集拢在森林的黝黑的边缘上。

孩子,不要出去呀!

湖边的一行棕树,

向暝暗的天空撞着头;

羽毛零乱的乌鸦,

静悄悄地栖在罗望子的枝上,

河的东岸正被乌沉沉的暝色所侵袭。

我们的牛系在篱上,

高声鸣叫。

孩子,在这里等着,

等我先把牛牵进牛棚里去。

许多人都挤在池水泛溢的田间,

捉那从泛溢的池中逃出来的鱼儿,

雨水成了小河,流过狭街,

好像一个嬉笑的孩子从他妈妈那里跑开,

故意要恼她一样。

听呀,有人在浅滩上喊船夫呢。

孩子,天色暝暗了,

渡头的摆渡船已经停了。

天空好像是在滂沱的雨上快跑着；

河里的水喧叫而且暴躁；

妇人们早已拿着汲满了水的水罐，

从恒河畔匆匆地回家了。

夜里用的灯，一定要预备好。

孩子，不要出去呀！

到市场去的大道已没有人走，

到河边去的小路又很滑。

风在竹林里咆哮着，挣扎着，

好像一只落在网中的野兽。

行吟的天使

兴趣在于培养。诗人泰戈尔是幸运的,在一个文学家庭的熏陶下,他很快就找到了自己的兴趣所在。加上他的勤奋努力,离成功自然就更近一步。

兴趣也是我们迈向成功的第一步,有了它,我们的奋斗就了目标。泰戈尔正是因为自己对文学的热爱,才会有将创作进行到底的热情。

也正是因为他的热爱,我们今人才得以欣赏到他那么多又那么美的诗篇。

知识链接

诺贝尔文学奖

诺贝尔在 1895 年 11 月 27 日写下遗嘱,捐献全部财产 3122 万余瑞典克朗设立基金,每年把利息作为奖金,授予"一年来对人类作出最大贡献的人"。根据他的遗嘱,瑞典政府于同年建立"诺贝尔基金会",负责把基金的年利息按五等分授予获奖者,文学奖就是其中之一的奖项。

2012 年 10 月 11 日,中国作家莫言获得 2012 年诺贝尔文学奖,成为首位获此奖项的中国籍作家。

■ "我是黑人"

    兰斯顿·休斯,美国黑人诗人、作家。他被誉为"黑人民族的桂冠诗人"和"哈莱姆的桂冠诗人"。他写过小说、戏剧、散文、历史、传记等各种作品,在美国文坛上取得过骄人的成就。

    1902 年,休斯出生在美国密苏里州乔普林市。他很小的时候,父母离婚,这在休斯幼年的心里留下了很大创伤,导致其性格孤僻,不愿意与社会接触。因而,休斯童年生活一直在孤独中度过。

    休斯虽然被判给了母亲,可是母亲却始终和朋友生活在一起,根本没有精力照顾他。休斯从小就和外祖母在一起生活、成长。

    休斯童年既没有父母呵护,也没有家庭温暖,为了消遣自己孤独寂寞的时光,休斯选择读书,与书籍为友。这样日子久了,他开始渴望写作。

    休斯喜欢听外祖母讲故事。每天晚上,在休斯睡觉前,外祖母总会给他讲些有关他们黑人祖先的故事,还有一些关于他们家族历史和他们祖先为了结束黑人奴隶制度而战斗的事迹。

    外祖母告诉休斯,她为自己是黑人而骄傲,为自己的伟大祖先而自豪!

    休斯受外祖母的影响,在那段时间里,休斯曾试图写几首小诗来表达自己对黑人祖先的敬佩之情。

    休斯 14 岁时离开了外祖母,同母亲和继父一起生活。其间,休斯读完了高中。他开始经常写诗,虽然作品水平不是很理想,但他一直坚持下去

我的未来不是梦

不断创作。休斯成为班上有名的小诗人。在读书时，休斯还完成了一部短篇小说的创作，年纪轻轻的他，表现出了对文学深厚的兴趣。

毕业后，休斯搬到了墨西哥同父亲住在一起，但父亲仍旧没有给他温暖的父爱。他的父亲是因为美国种族主义的歧视逃到墨西哥生活的。

在和父亲相处的这段日子里，休斯深入地了解了有关种族、社会问题和经济状况的相关问题。休斯会一口流利的西班牙语，他棕褐色的皮肤常常让人们以为他就是墨西哥人。在休斯很多诗集和小说中，他经常讲到自己在墨西哥的生活。休斯同父亲住在一起的日子并不快乐，因为和父亲长年不沟通，他们彼此之间有一层隔膜。

休斯因此感到很烦恼，在墨西哥的生活，除了父亲以外，休斯不认识其他任何人。只有创作时，休斯才会忘掉自己内心的孤独和郁闷。多年以后，休斯在成功后的一次谈话中曾说，在他最不快乐的时候，创作出的作品往往都是最好的！

休斯的父亲始终认为，休斯当诗人不但没有出息，更不可能维持生活。所以，父亲告诉休斯，只有休斯选择学习工程学，他才会给休斯提供学费和一切杂费。无奈之下，休斯选择进入哥伦毕业大学学习，但不到一年，休斯就改变了主意辍学。因为他对工程学没有一丝一毫的兴趣。

离开学校后，休斯开始了自己最爱的旅行。为了维持生计，休斯曾在旅行途中当过报童、餐厅服务生、厨师，他甚至在巴黎流落街头时，为了解决吃饭而去做夜总会门卫。

最后迫于经济问题，休斯还是提前结束了旅行。可当他想回美国时，才发现自己身上根本没有路费。当时他正在意大利，由于休斯是黑种人，导致他求职无门，四处碰壁。无奈之下，休斯只得在回美国的轮船上充当水手，才得以回到家乡。

回国后，休斯的生活仍旧困顿不堪。为了解决生存问题，休斯做过洗衣房的工人和旅馆侍卫者。这些丰富的生活经验，恰恰给休斯日后的创作提供了强大的生活体验与创作资源。

虽然生活艰难，日子清贫，但休斯对诗歌的喜爱却始终没有减退。休斯是个刻苦的诗人,他白天辛苦工作,晚上挑灯夜战。天道酬勤,休斯的努力很快就看到了成果。

不久,他的诗歌处女作被刊登在美国一家发行量 10 多万份的杂志上。还有一些作品在当地黑人报纸上发表,休斯因此受到很大鼓舞,诗歌创作也因此更加富有激情。

后来,休斯参加了哈莱姆文艺复兴运动,并开始了他在黑人文艺界的迅猛发展。

1926 年,休斯出版了第一部诗集《萎靡的布鲁斯》。休斯以真情的语言打动了很多读者,因此,休斯的诗歌很快就在美国黑人文坛上引起了巨大轰动。

休斯的诗歌,大多都是对美国底层黑人的真实生活写照,在被誉为新黑人宣言的《黑人艺术家与种族大山》一文中,他曾说道:

"我们这些正在从事创作的年轻黑人文艺家,抱定宗旨,要既不畏惧,也不羞愧地表现各自的黑皮肤的自我。如果白人喜欢,我们很高兴;如果他们不喜欢,也没什么关系。"

强烈的民族自豪感融入了他的诗歌创作中。这篇宣言也激起了很多黑人文学家的自信心,同时也巩固了休斯在哈莱姆文艺复兴运动中的领导地位。

1929 年,已经在文学界拥有一定位置的休斯,并不满足自己的文学成果。他认为自己的知识层面还需要得到提升,便决定进入大学继续学习。三年后,他取得了林肯大学硕士学位。

有时,一首能为人传诵的优秀诗歌,并不需要有太多的华丽语言,而在于作者的真情切意和他的无限激情。

休斯最著名的诗歌《黑人谈河》就是他真情流露的表达。

这首诗是休斯在乘车去往墨西哥的途中创作的。当火车驶过密西西比河长桥,休斯看着古老的密西西比河,不由得想起了他们黑人的悲惨命运,因而即兴创作出了这首诗。

对于这首诗,休斯曾回忆说:"我大概用了不到一个小时的时间创作而成。"这首创作时间不满一小时的简短诗歌，却拥有着强大的文学力量，它激发了黑人们的自尊心和对自由生活的渴望。

休斯并非是个墨守成规的诗人，他大胆地改变了传统诗歌的写作方法。他是第一个将黑人音乐带入诗中的作者，休斯将爵士乐热情奔放的节奏融入到诗歌中，使他的诗歌韵律变得活泼，格调变得新奇，这给美国现代黑人文学和非洲黑人诗歌发展带来了巨大的影响。

2002年2月1日，休斯诞辰一百周年的纪念日。美国决定，为了纪念休斯，从这天开始一直到四月，美国各所大学如耶鲁大学、纽约大学等著名大学，都举办纪念休斯的纪念活动，学生们可以朗诵休斯的诗歌，参演或编排休斯创作的剧本、小品。

美国邮政还专门推出了有关休斯的系列纪念邮票，以此来怀念这位美国历史上伟大的黑人诗人。

休斯一生都在哈莱姆黑人聚集区生活，即便在他成名后，也没有离开这里。休斯的父亲曾说为自己是黑人而感到耻辱，而休斯却强烈表明：我是黑人，我非常喜欢黑人！

休斯是个热爱文学且勤奋不怠的诗人，仅创作生涯就占去了他一生中的近50年。他的诗歌从始至终都在描写黑人的劳动生活。他在自己的诗歌作品中，深切地表达了他对黑人民族的热爱和对种族歧视的抗议和不满。他用自己的诗歌作品，不断地呼吁黑人民族要勇敢地为自己争取自由！

如他所愿，他的诗歌激发了黑人们顽强的战斗力。

可以说，休斯一生都在用诗歌为黑人们呐喊出自己的声音！

休斯诗歌代表作

《黑人谈河流》

我了解河流：

我了解像世界一样的古老的河流，

比人类血管中流动的血液更古老的河流。

我的灵魂变得像河流一般的深邃。

晨曦中我在幼发拉底河沐浴，

在刚果河畔我盖了一间茅舍，

河水潺潺催我入眠。

我眺望尼罗河，在河畔建造了金字塔。

当林肯去新奥尔良时，

我听到密西西比河的歌声，

我瞧见它那浑浊的胸膛，

在夕阳下闪耀的金光。

我了解河流：

古老的黝黑的河流。

我的灵魂变得像河流一般深邃。

逐梦箴言

对于我们所做的一切，热爱是我们最好的老师！休斯不仅热爱诗歌，他还热爱自己的民族。当黑人民族在为自己的种族而自卑时，休斯却选择用文字来激发黑人同胞的追求自由的热情，使他们重新振作、坚强起来。休斯的诗歌是充满无穷力量的诗歌，它拯救了一个庞大的黑色人种族群！而这一切的成功，自然都离不开休斯对诗歌创作的执著与热爱，他的努力和他的不懈进取，才使他的名字在100年以后的今天，仍被众人特别是黑人族群铭记于心！

哈莱姆文艺复兴

哈莱姆文艺复兴又称黑人文艺复兴或新黑人运动,20世纪20年代到经济危机爆发那10年间,美国纽约黑人聚居区哈莱姆的黑人作家所发动的一种文学运动。领导者为兰斯顿·休斯。

它的内容主要概括为两点:1.在黑人的觉悟和民族自尊心大为提高的情况下,一些黑人青年知识分子开始重新评价自己的艺术创造才能,并要求在文学艺术中塑造 "新黑人"的形象——一个不同于逆来顺受的汤姆叔叔型的、有独立人格和叛逆精神的新形象;2.在报刊上广泛开展了"是艺术还是宣传"的讨论,大多数作家都认为必须加强黑人文艺作品的艺术表现能力。这一运动的主要领袖艾兰·洛克曾说:"美是最好的牧师,赞美诗比布道更有效果。"

结果,有一些黑人作家在运动中趋向极端,走上"为艺术而艺术"的道路;也有少数作家强调"黑人艺术"的特点,用自然主义笔触宣扬哈莱姆区黑人"特殊情调"的生活,他们就被称为哈莱姆派。哈莱姆文艺复兴运动提高了黑人文学艺术的水平,从中涌现出一批优秀的诗人和小说家,对促进黑人文化事业的发展、提高黑人民族的自尊心产生了深远的具有历史意义的巨大影响。

■ "泪水，空虚的泪水"

阿尔弗雷德·丁尼生，19世纪英国最受欢迎，最具有特色的诗人。他是一位获得"桂冠诗人"称号的伟大诗人。

丁尼生的诗艺精湛且优美灵动的诗歌，激发了许多英国美术家的创作灵感，被誉为"可能是耳朵最灵敏的英国诗人"。

丁尼生在他的诗歌中，准确地反映了他那个时代占主导地位的思维、眼光及兴趣，这是任何时代的英国诗人都无法比拟的。

丁尼生，1809年出生于索姆斯比的一个教师家庭。他在十二个兄弟姐妹中排行第四。也许是家庭环境的熏陶，丁尼生父亲在他小时候就常到自家的小图书馆里读书，这给丁尼生留下很深印象。直到长大开始读书后，丁尼生开始常常到父亲的图书馆里读书。因为少年时代阅读了大量文学书籍，所以在丁尼生刚满8岁时，就开始学着写诗。

丁尼生从小学习优秀，成绩在学校始终名列前茅。后来他考入剑桥大学，在校期间，丁尼生创作了多首诗歌作品，其中一首诗歌在校刊上发表后，受到校长赞赏。在同伴和校长的鼓舞下，丁尼生信心大增，在校第三年，就出版了自己的第一部诗集《抒情诗集》，虽然一些评论家对诗集中个别诗歌评价很高，但可惜的是批评一时淹没了赞赏，人们忽略了他的才华。所以，丁尼生的首部诗集并不成功，而那些恶毒的评论让丁尼生很伤心也很失落！

恰在此时，丁尼生的父亲因病去世，所以，迫于种种原因，丁尼生没有获得学位就离开了剑桥大学。

回家后，痛苦不堪的丁尼生在寂寞中又再次燃起创作诗歌的热情。第二年，他出版了诗集《诗歌》，可是结果还是令他非常失望——丁尼生的作品仍然没有被大家接受！

两部作品接连失败，这让丁尼生对自己的诗歌创作才能产生了极大的怀疑，他有时甚至觉得自己写的文字根本不是诗！

曾几何时，丁尼生也曾对自己的诗歌满怀信心，对自己未来的文学道路更是满怀期待，但是如今现实残酷，诗歌出版无人问津，批评塞耳，丁尼生心中的一团烈火被扑灭了。不幸的是，恰在这时丁尼生一生最亲密最要好的朋友，也是他最重要的导师哈兰姆突然离世……

哈兰姆是英国著名作家，在丁尼生的文学创作道路上，哈兰姆不仅作为最要好的朋友鼓励他、扶持他，还像家人一样关心他、照顾他！导师离世，此时是丁尼生一生中最脆弱、最无助的时刻！外界的各类批评铺天盖地，压得丁尼生喘不过气，此时却又痛失密友，在这样的双重打击下，丁尼生沉默了。

在接下来近十年的时间里，丁尼生没有再发表过一个字的诗歌作品。

在这漫长的十年岁月中，丁尼生虽然没有作品公诸于世，但是他的创作仍在默默进行着。

之所以如此，丁尼生是想以疯狂的创作来麻痹自己，进而忘记孤独，忘记外界对自己的种种批评。

在他闭门历练的那10年中，其实丁尼生确实创作了许多优秀作品，而他的诗歌代表作就是在这个特殊时期诞生的。

1942年，丁尼生决定复出。

他以当年那本诗集同样的名字，出版了《诗歌》第二部。诗集一经问世，立即引起英国诗坛的极大轰动，当人们几乎已经忘记丁尼生存在的时候，这个顽强而又百折不挠的诗人竟然重新崛起。他的新诗让众多读者眼前一亮！因此，他的诗歌自然受到读者的热烈推崇。

经历了曾经的暗淡与挫折，此时丁尼生的诗歌显得更为成熟、细腻，历史感、知识感也颇为丰厚。

1947 年，丁尼生发表了他一生中最具特色的抒情长诗《公主》。在这篇长诗中，丁尼生用生动形象、意境含蓄的诗歌，充分证明了女人最大的成就就是拥有一个幸福而又完整的婚姻。而这篇以"泪水，空虚的泪水"为开篇的诗歌，被后人永记于心！

1850 年，丁尼生迎来了他人生又一个创作高峰。此时他已 41 岁。他饱经沧桑的人生，恰好丰富了他的作品内涵。

自从挚友哈兰姆去世后，丁尼生用 17 年的时间来准备了一部诗集，这部名为《悼念》的诗集由 131 首短诗组成。诗中深刻地表达了丁尼生在丧友之后的悲痛心情，并完整地叙说了丁尼生的生平及其遭遇，和他当年内心的苦闷与挣扎的具体意象。

此篇巨作还说到了一些困扰人心的问题：如上帝与自然、善与恶、生与死的关系等，反映了维多利亚时代的"信仰危机"。丁尼生以诗歌的方式来为民众和自己寻找对信仰到底是"信还是不信"的答案。此诗一经问世就受到广大民众的广泛追捧，而丁尼生也因此被誉为"人民诗人"！同时，这部佳作也被英国文坛称为是最伟大的哀歌之一。

1851 年 11 月，丁尼生继威廉·华兹华斯之后，被英国誉为"桂冠诗人"。

在丁尼生晚期的创作生涯中，他深受中国古代哲学家、道教学派创始人老子的启发，根据老子的生平和著作创作了长诗《先贤》。

丁尼生个人把这篇诗作认为是自己后期作品中最为优秀的诗篇。到了晚年，丁尼生创作了很多精彩优美的抒情短诗，外界评价甚高，可以说他的创作技能几乎完美无瑕！无论是唯美动人的抒情诗，还是庄重沉寂的悼念诗，丁尼生都能够用他独特的创作将读者引入另一个诗意的世界中。

伟大诗人丁尼生在 1892 年 10 月 6 日逝世，人们为他举办了隆重的葬礼。葬礼上，来宾吟诵了他最为出色的代表作《悼念》，以此表达民众对于他的尊重与怀念。丁尼生被安葬在文学巨匠聚集地——英国威斯敏斯特教堂"诗人角"，并与英国"诗歌之父"乔叟相邻而眠。

丁尼生承受了曾经无情的文学批判，但最终还是迎来了他人生中至高无上的荣耀。他经历了人生的挫折考验，创作出了经得起历史考验的诗歌作品。

丁尼生有云："唯有自爱、自识、自制、指引人生，才能导出神圣的力量！"

丁尼生诗歌代表作

《悼念集》（节选）

我握住真理，随着他音调各异
对着一张清澈的竖琴吟唱，
人们可从死亡本身的垫脚石上
升腾而成更高级的东西。

然而谁将预测到这些岁月
在失却中找到相称的获益？
要么寻得援手，穿越流光过隙
去捕捉遥远的泪水之嚎？

让爱情紧扣忧伤，以免双双溺毙，
让黑暗保持她乌黑的光彩；
啊，醉而有失更甜来，
与死神共舞，去击败大地，

超过胜者之际应当蔑视
爱情和吹嘘带来的久长硕果，
"快看那人，他爱过、失去过，
但他整个就是身心俱疲。"

逐梦箴言

丁尼生曾说:"不要老叹息过去,它是不会再回来的;要明智地改善现在。要以不忧不惧的坚决意志投入扑朔迷离的未来。先相信你自己,然后别人才会相信你。"

丁尼生向我们证明:沉默并不代表就是认输。人生就是这样,它总会时不时地向你施加不同的压力,让你茫然若失,四顾无措!但是,只要我们坚持自己的理想,坚强地挺过去,就会在曾经的那一片茫然之中最终寻找到自己的人生。丁尼生将自己热爱的事业以英勇无畏的精神进行到底,从而他战胜了自己,赢得了广大民众的心!

知识链接

威斯敏斯特教堂"诗人角"

威斯敏斯特大教堂坐落于伦敦泰晤士河北岸。原为一座本笃会隐修院,始建于公元 960 年,1045 年进行扩建,1065 年建成,1220 年至 1517 年进行了重建。威斯敏斯特教堂在 1540 年英国国教与罗马教廷决裂前,一直是天主教本笃会即天主教的隐修院修会之一的教堂。1540 年之后,一直是伦敦的国家级圣公会教堂。

举世闻名的伦敦"诗人角"位于泰晤士河畔古老的威斯敏斯特教堂中,它是英国文豪们长眠之所,其中长眠着许多著名的英国文学家。

最早入葬该"诗人角"的是《坎特伯雷故事集》的作者、"英国诗歌之父"乔叟。后来英国诗人约翰逊、布朗宁、丁尼生,小说家狄更斯、哈代等也长眠于此。

我的未来不是梦

■ "德国的莎士比亚"

约翰·克·弗·席勒,1759年生于德国内卡河畔的马尔巴赫,是德国伟大诗人、戏剧家。他也是同歌德齐名的德国启蒙文学家,被世人尊为"伟大的天才般的诗人"、"真善美"巨人和"德国的莎士比亚"。

席勒生长在一个普通家庭,父亲是部队军医,母亲是一个面包师的女儿,一家人生活在一起,过着拮据简朴的生活。席勒的童年只对诗歌和戏剧感兴趣,其他任何事物都吸引不了他的注意力。虽然家庭不富裕,但是家里人为了满足席勒的读书欲望,省吃俭用地攒钱给席勒购买各种文学书籍。

席勒也始终不让父母失望,他对诗歌和戏剧的热爱可谓经久不衰。在他的精神世界里,诗歌和戏剧无处不在。

但在席勒13岁那年,他的童年便不再充满欢乐:他被公爵强制选入其所创办的军事学校读书,并接受严格的军事教育。这座被称为"奴隶养成所"的军事学校,断绝了席勒和外界的所有联系。席勒在这里度过了8年与世隔绝的生活,在此期间,他被严格管束,失去了人身自由。军校强行封闭的生活给童年的席勒以很大影响,他知道了什么是互相残杀,也目睹了残忍的虐待,而这一切也对席勒以后的诗歌创作提供了大量的现实生活原生态的素材。

起初军校的严格教育使席勒发疯,为宣泄情绪,席勒写了一些诗歌,借以抒发自己内心的苦闷。久而久之,席勒喜欢上写诗的感觉。每当提笔写诗,席勒就犹如走进了另一个世界,一个欢快而又美妙的"桃花源"。

席勒开始创作一些抒情诗,并在当地一些杂志上刊登。他在军校被迫学医,毕业后加入部队,成为一名军医。在部队生活期间,席勒深刻体会到了当时德国专制统治的严苛与压抑。

不久后,德国"狂飙运动"兴起,这是一场声势浩大的文学运动。对自由有着无尽渴望的席勒受此影响,激发了他长年累月对军事暴力的憎恨,因而在他 20 多岁时,就创作出了反抗封建暴政的不朽佳作《强盗》。

席勒如此公然挑战公爵尊位,自然要给自己引来诸多麻烦。因此,他成为了诸多公爵们的猎杀目标。而这部巨作,在公爵贵族们管辖不到的地方,自然被众人追捧,轰动全国乃至欧洲,最后竟被搬上了舞台。

当《强盗》的戏剧首次公演时,剧院爆满,人们如潮水般涌入狭窄剧院,只为一睹席勒的"强盗风采"!席勒也因此名声大作,迎来了他人生中诗歌创作的旺盛期,众多评论家也因此称他为"德国的莎士比亚"。

虽然席勒已经成为了人人熟知的大诗人,可是人们并不知道,席勒为了逃避公爵们的追杀而四处飘荡,最后竟然被逼得开始了逃亡生涯!

此后,席勒每天过着缺衣少食的贫困生活,睡在露天广场,吃着他人施舍的食物!有谁能想到,这个贫穷的流浪汉,竟会是德国民众日日追捧的伟大诗人。

席勒每天要更换住所,在不同城市里躲避时刻跟踪而至的追杀。但如此穷困的生活,反倒激发了席勒更多的思想与灵感。他的众多代表作基本上都在这一窘困时期创作而成,并且都赢得民众的追风式传诵。

众所周知的《欢乐颂》也是在此期间创作而成的。人们无法相信,困苦、无助的席勒,竟然会在那样一种逼仄、绝望的环境下创作出欢快、喜悦的《欢乐颂》。

那是 1785 年的夏天。席勒的逃亡生活仍在继续。此时他已经身无分文,且负债累累,正处于走投无路、几近绝望的生存边缘。这时,他接到了一封来自莱比锡的信件,信中邀请席勒前往他们的住处,而路费和一切费用都由他们承担。

席勒读完信后兴奋不已，顾不上饥饿与困顿立刻前往目的地。8 天后，席勒终于到了莱比锡。在那里，席勒受到四位素不相识的朋友热情款待。当席勒询问他们为何要帮助他时，四位年轻人说只是因为仰慕他的才华。席勒因此很受感动，再三感谢。当年轻人们听说席勒的遭遇后，都热情挽留席勒住下，并对他提供了无微不至的照顾。席勒因此在那个称为戈里斯村里度过了一个美好而又欢快的夏天。怀着对四位年轻人的感激之情，席勒创作出了这篇被世人赞不绝口的作品。

"你温柔的翅膀飞到哪里，哪里的人们都结成兄弟。"诗中表达了席勒对人间温暖的真切感受。他歌颂了世间欢乐，从而又将欢乐延伸为他对自由、平等、理想的不懈追求。

后来，这篇巨作又被贝多芬谱曲。那位著名作曲家，当他 16 岁那年看到这首诗时，就已经被它的博大精深和其中不屈的精神所深深吸引，直到长大后，贝多芬才将这部作品成功谱曲。可见席勒的著作影响深远，贝多芬谱曲后，此诗显便更加街尾相传，为民众不懈传唱，成为家喻户晓的欢乐乐曲！

对于席勒来说，一个人的雄心壮志如果离开崇高的目标，根本不会有什么成就。

这时期的德国文学缺少独立性，没有自己的民族圭臬。启蒙运动前，一味模仿法国已趋僵化的古典主义；启蒙运动后，又转向英国。而席勒的不寻常之处在于：他始终把他的伟大抱负与国家前途和民族团结，乃至全人类的友爱和平紧紧联系在一起。他并不因为这个国家被少数专制而腐朽的王公贵族所统治，而厌弃这个国家和民族。为了振兴德国的民族文学，席勒决心以古代希腊罗马文学为榜样，以纯洁的语言、优美的形式，注入人道主义的内容，创造出德意志文学的独特风貌。

席勒不仅仅将自己真实而高尚的情怀注入作品，他同样也在行动，切实地去实践自己的理想。可是他知道自己的力量实在太渺小，所以想找一位同样有雄厚力量的同道合作，因此，他选中了歌德。此时的歌德，地位远在席勒之上。但是，席勒特别自信，他坚信自己的伟大抱负会得以实现。

自1787年开始,席勒就开始给歌德写信。在起初的六七年,歌德对席勒的来信态度十分冷淡,可是席勒却一直用饱满的热情邀请他。直到有一次席勒在信中写道:"每个人都可以给另一个人以对方所缺少的东西,并且从对方接受自己所需要的东西。"

席勒在信中见解独特,透彻地分析了他与歌德诗歌之间的不同之处。歌德最终被席勒的真诚所打动,不久后,歌德回信,两人便走到了一起,成为互补的最佳搭档,也成为了最要好的知己。

随后,在歌德的鼓励下,席勒迎来了他人生第二个创作高峰,一直到去世,席勒的创作也未曾停止过。

在这期间,他创作出了大量的著名代表作,而在欧洲范围反响最大剧作则是《威廉·退尔》,戏剧取材于14世纪瑞士英雄猎人威廉·退尔的传说。虽然席勒从未去过瑞士,但是以自己丰富而又独特的语言,将这一传说诠释得酣畅淋漓。剧中不仅歌颂了瑞士民族英雄,同时也歌颂了努力争取民族解放的壮士们。

瑞士人为了表达对席勒的感激之情, 就把退尔传说发生地四林湖沿岸的一块极为壮观的巨岩命名为"席勒石",供后人瞻仰……

歌德与席勒因诗而结缘,成为要好朋友。但是两人的出身与经历,乃至最后的遭遇,却是截然相反:歌德出生于一个富裕家庭,从小过着养尊处优的生活,而晚年更是享受天伦之乐,虽然他比席勒大了整整十岁,可他却享受到了比席勒更多的幸福时光。

相比之下,席勒的出身较为卑微,他的一生都被经济所困,甚至到最后他也是居无定所、四处漂泊。

歌德曾邀请席勒去他那里居住,并承诺要给他买一座小房子,但席勒拒绝了。

为了养家糊口,席勒每年都必须创作不下于两部的剧本,而席勒为了激发自己更多的创作灵感,选择大量饮酒,但这无疑将损害他的健康。席勒虽然比歌德年轻,却迫于生活压力,英年早逝。在席勒逝世的时候,由于家庭过于穷困,迫于无奈,家属们只得将席勒的骨骸安置在教堂地下室。

歌德与席勒联手创作这一时期,堪称德国文学史上的"古典主义"时代。两人共同写下了上千首诗歌,并创办文学杂志和魏玛歌剧院。

歌德曾说:"关于某些个别思想,很难说哪些是他的,哪些是我的。许多诗句是我俩在一起合作的,有时思想是我的,而诗是他写的;有时情况正相反,有时他作第一句,我作第二句,这里怎么能有你我之分呢?"

可见,歌德与席勒因诗歌而结下了深厚友谊。席勒死后,歌德悲痛不已,表示自己"失去了席勒,也失去了生命的一半"。而在歌德死后,根据他的遗言,他被安葬在席勒的遗体旁。

席勒是德国古典文学中仅次于歌德的第二座丰碑。不仅如此,席勒也是一位在欧洲美学史上具有崇高地位的美学家,他拥有卓越见解的美学论被托马斯·曼誉称为是"德国文论之高峰"!

席勒诗歌代表作

《欢乐颂》(节选)

一

欢乐啊,美丽的神奇的火花,
极乐世界的仙姑,
天女啊,我们如醉如狂,
踏进你神圣的天府。
为时尚无情地分隔的一切,
你的魔力会把它们重新联结;
只要在你温柔的羽翼之下,
一切的人们都成为兄弟。

二

谁有那种极大的造化,
能和一位友人友爱相处,
谁能获得一位温柔的女性,
就让他来一同欢呼!
真的——在这世界之上
总要有一位能称为知心!
否则,让他去向隅暗泣,
离开我们这个同盟。

逐梦箴言

人生好比旅行，理想是旅行的路线，失去了路线，只能停止前进。本节故事中的席勒，拥有伟大的理想，自信但不自负，知道自己的力量不足以改变现状，所以他选择寻找伙伴，共同达成远大理想。他的热情与执著，感动了民众，也征服了世界。席勒之所以成为民族英雄，自然离不开他的鸿鹄之志！

知识链接

德国古典文学

德国文学史，一般指 18 世纪末到 19 世纪初歌德和席勒所创造的文学。

"古典"一词在 18 世纪的德语区曾普遍使用，意指古希腊罗马的第一流作家以及本民族堪称楷模的作家和作品，戈特舍德、盖勒特和莱辛等人当时都被称为"古典作家"。歌德和席勒也曾使用这个词，并为创立德意志民族的古典文学而努力，但他们并不认为德国已经产生了"古典文学"。在 18 世纪的文献中，没有"德国古典文学"这一概念，更没有人把歌德和席勒的作品称为"德国古典文学"。1839 年德国文学史研究的创始人盖尔维努斯第一次提出"古典文学"这个概念，把歌德和席勒于 1800 年左右创造的文学史称为"古典文学"，称这一时期为"古典文学时期"。从此，"德国古典文学"这一概念就正式被后人沿用。

我的未来不是梦

智慧心语

1.错误经不起失败,但是真理却不怕失败。

——泰戈尔

2.这(写诗)是在狩猎。诗歌是一种新的生物,是你自身之外的生活的新的标本。

——休斯

3.只有恒心可以使你达到目的,只有博学可以使你明辨世事。

——席勒

4.唯有自爱,自识自制,指引人生,才能导出神圣的力量。

——丁尼生

5.目标越接近,困难越增加。

——歌德

6.决心就是力量,信心就是成功。

——列夫·托尔斯泰

7.任何问题都有解决的办法,无法可想的事是没有的,要是你果真弄到了无法可想的地步,那也只能怨自己是笨蛋,是懒汉。

——爱迪生

第五章

吹尽狂沙始到金

◎导读◎

卡耐基说：朝着一定目标走去是"志"，一鼓作气中途绝不停止是"气"，两者合起来就是"志气"。

"志气"二字说来似乎非常简单，但一个人如果为此行动起来却是难之又难。那是一种坚定不移的信念，也是一种不屈不挠的精神。如果王安石没有写秃毛笔的"志"，他不会创作出流传千古的诗句；如果海涅没有坚持不懈的"气"，自然也成就不了他伟大的梦想；如果卞之琳没有永不放弃，他也不会在困境中重新站起来，让自己的诗歌永生不死……

■ 导师的歌德故事

海因里希·海涅（Heinrich Heine），又译亨利希·海涅，他是继歌德之后，享有世界范围声誉的德国诗人。

1797 年 12 月，海涅出生于德国杜塞尔多夫的一个犹太家庭。父亲是经营呢绒生意的商人，母亲是一位医生的女儿，稳重、贤淑且富有教养，她喜爱文学，所以海涅受母亲的影响，自小也热爱阅读文学书籍。可是，由于海涅的父亲生意失败，在父亲的逼迫下，海涅不得不放弃文学，遵从父愿，开始学习下海经商。

十八岁时，他在富兰克福的一家银行做见习生，第二年又转向叔父的银行继续实习。

海涅生活在资藉豪富的叔父家，深刻体会到寄人篱下的生活。可是，此时海涅竟不顾门第悬殊，爱上了叔父的女儿！但是，没多久他的堂妹就嫁给了一个有钱的地主，海涅的初恋未及开花，却就此破灭。

接下来的一年中，海涅在叔父的帮助下经营了一家纺织公司，但没多久就破产了。因此，海涅知道自己不是做这一行的材料，便决定彻底放弃经商之路。

随后在叔父的推荐下，海涅进入波恩大学学习法律。但海涅发现自己对那枯燥的定律没有一丝热爱，反倒对文学产生了浓厚兴趣，因此常常逃课去听文学课。

后来，海涅因为与同学决斗而被停学处分，不得已在第二年又转入另一所学校读书。在这里，海涅在文学方面展露的才能和他的大胆而又富于夸张的想象力，引起其导师施勒格尔的格外注意。

施勒格尔是德国浪漫派的杰出理论家、语言学家和莎士比亚作品翻译家。这位被海涅称为"最伟大的导师"的施勒格尔，从此改变了海涅的一生。

一天课后，导师找到海涅："你要向伟大的歌德学习！这样你才能有所成就。"

令人意外的是，此时的海涅并不知道歌德是谁，他是做什么的。但是海涅想：小时候听父亲说过伟大的拿破仑，导师称其伟大，那他一定会是一个和拿破仑同样了不起的大英雄吧！

随后，在导师不断的教导与鼓励下，海涅在研究学习歌德的著作同时，开始尝试写作。据传，当时年轻气盛的海涅偶尔会说上一句半句的污言秽语，导师立即就会批评他："伟大的歌德是不会这样说话的！"

有时，海涅因为自己写不好诗句而垂头丧气，导师就说："歌德是不会这么快就失去信心的！"导师不厌其烦地教导、激励着海涅。

海涅十分听从导师的意见，并且不断反省自己在文学方面的努力。

一次，导师在课堂上说："歌德为了能够写好诗歌，常常随身带个小本子，把自己不会的和应该学习的东西都记在上面！"

第二天，海涅就拿来一个小本子，开始将美妙的诗歌名句抄录在本子上，一有时间就拿出来研究、揣摩。

海涅成名后，曾经给导师写过一封感谢信，其中有这样一段话："谢谢您曾经的教诲，虽然后来我知道，您教育我有关歌德的故事都是假的，但我依然很感谢您。故事虽然是假的，可寓意却是真实的……"信中抒发了海涅对导师的感激之情。

海涅在早期和十九世纪二三十年代时，其诗歌多以抒情诗为主。诗中，他优美动人的诗句蕴含着丰富而又浓郁的民族色彩，抒发着他真挚而又淳朴的内心感情。

后来，海涅开始游历祖国各地的名山秀水，并跨出国门去英国、意大利等地旅行,游历着神奇自然,大千世界,海涅的眼界开始变得更加开阔,思想也有了更高的提升。在深入而广泛地接触社会后,海涅写下了第一部游记《哈尔茨山游记》,海涅用幽默活泼的笔调描绘了 20 年代令人窒息的德国现状,其中对山区矿工劳动生活的描写,可谓是历历如绘,栩栩如生。

直至后期十九世纪五十年代,海涅又受到马克思的影响,写作风格发生了翻天覆地的变化。他将抒发喜怒哀乐的低吟浅唱,转变为战场上震撼心魄的呼喝呐喊。就是在这个时期,海涅的诗歌创作达到了他人生的最顶峰。其诗歌代表作《青春的苦恼》、《抒情插曲》、《北海集》等著作风靡德国诗坛,成为一时可与拜伦、雪莱等大家媲美的伟大诗人!

在海涅的一生中,共有多达三千多首抒情诗被舒曼、舒伯特、柴可夫斯基等各国大作曲家谱写成歌曲,其数量甚至超过了被尊为"诗坛君王"的歌德!

但自 1835 年始,海涅开始过上了饥寒交迫的生活。因身为犹太人的海涅倾向进步和革命,长期受到德国政府的压迫,最后导致他的作品被德国政府封杀,他赖以生存的稿费资源几近枯竭。与此同时,叔父的救济也早已断绝,他只能靠领取国内的救济金勉强度日。

然而,雪上加霜的是,1848 年,海涅又突患脊椎结核,从此卧床不起。

但是,即便在生活如此困苦、疾病又缠于一身的艰难时刻,海涅的诗歌创作仍在继续。他通过诗歌寄托生命不息的精神,抒发自己悲愤之下的奋斗不止的情怀。

海涅卧床八年,始终在与病魔日夜抗争,而他的创作也伴随他到人生的最后一刻。

1856 年,海涅病重已致无法握笔,他依旧靠自己顽强的意志,口述完成了绝笔之诗——《受难的花》。

海涅的一生几乎一直在与诗歌相伴:从他 15 岁时发表诗歌处女作开始,直到最后 58 岁的绝笔诗作,海涅将自己的一生全部奉献给了诗歌创作。

海涅不仅是一位伟大的诗人,同时也是散文家、思想家,他不仅擅长抒写柔美、自然的诗歌作品，且在游记、散文创作上也取得了极大的成就。海涅丰富多彩而又才华横溢的作品，在后世德国乃至全世界的读者心目中，竖立起了一座高大而又宏伟的丰碑。

海涅，这个闪光的名字，在世界文坛上散发着永远的光芒！

海涅诗歌代表作

《德国，一个冬天的童话》（节选）

凄凉的十一月，

日子已渐渐阴郁，

风把树叶摘落，

我走上德国的旅途。

来到国境，

强烈的心跳震撼着胸底。

并且，真的，

连眼泪也开始滴沥。

听见德国的语言，

使我有异样的感觉，

好像我心脏的血液溢出了，

它舒畅地衰落下去了。

一位小小的琴女在歌咏，

用真实的感情，

和假的噪音，但她的弹唱，

却使我非常动心。

她歌唱着爱，和爱中的恨，

歌唱着牺牲，

歌唱着那天上的、更好的世界里的重逢，

说那儿没有愁恨。

逐梦箴言

　　每一个登上顶峰的成功人士，都必须拥有坚持不懈的毅力和克服困难的勇气。人的一生，一如奔流的洪水，不遇岛屿和暗礁，难以激起美丽的浪花！本节故事中的海涅，不仅出身卑微，而且一生穷困潦倒。而他却选择用坚强、不屈不挠的精神而面对生活中的困难和逆境。在海涅逝世156年后的今天，海涅的名字并没有因为历年长久而被淹没。他用诗歌谱写了自己最为精彩的一生，他那些沉博绝丽的诗歌作品，是留给后世子孙最宝贵的财富。海涅的一生，在向我们证明：人生中的任何障碍、困苦与艰难，都可以被征服、跨越……

知识链接

施勒格尔兄弟

　　18世纪末期，施勒格尔兄弟成为了德国浪漫主义的精神领袖。据考证，这一时期的浪漫主义产生并风行于18世纪末至19世纪初的欧洲。其时正值资产阶级革命的时代，资产阶级处于上升时期，要求个性解放和感情自由，在政治上反抗封建主义的统治，在文学艺术上反对古典主义的束缚。为适应这样的需要，浪漫主义思潮应运而生。

　　施勒格尔兄弟作为这一思潮的代表人物，他们编辑出版了《雅典娜神殿》刊物，推动浪漫主义运动的宣传和理论建设，被称为耶拿派浪漫主义。但他们的浪漫主义理论带有浓厚的主观唯心主义和宗教神秘主义色彩。

　　当然，德国是浪漫主义思潮的发源地。从戈特舍德到歌德，德国文学是沿着启蒙运动开辟的道路向前发展的。但到18世纪末德国文学中出现了反启蒙运动思想的潮流，这就是浪漫主义文学运动。

　　奥古斯特·威廉·施勒格尔于1796年来到耶拿，1798年与他的弟弟弗里德里希·施勒格尔一起形成了一个文学中心，文学史上称为"早期浪漫派"或"耶拿浪漫派"。除了施勒格尔兄弟，重要的作家有蒂克、诺瓦利斯、瓦肯罗德等。他们的基本思想倾向是怀古遁世，重视童话和传奇。

我的未来不是梦

■ "明月何时照我还。"

王安石(公元 1021 年－1086 年),生于江西临川,字介甫,号半山,小字獾郎。谥号"文",故亦称为王文公,后世人又称其王荆公。

王安石是中国历史上最杰出的政治家、思想家、学者、诗人、文学家、改革家,被列为唐宋八大家之一。

王安石出生在宋朝一个普通官宦家庭。虽然父亲做官不大,但却给王安石提供了一个相对稳定的学习环境,培养了王安石从小爱读书的好习惯。天资聪明的王安石,自幼领悟能力超强,而且记忆力也十分惊人,往往看过的书籍,都能达到过目不忘。

由于家庭环境所致,王安石很小就曾跟随父亲走南闯北,迁徙不定。因此,忍饥挨饿、风吹雨淋的贫穷百姓,给王安石留下了很深的印象。所以,王安石很小就有着雄心抱负,他要造福百姓,为百姓排忧解难!

为了能够实现自己的理想,王安石发奋读书,他要将自己伟大抱负用笔描述出来,让所有人都能看到读到。王安石在小的时候就听过李白的故事,无论是铁杵磨成针还是四处拜师求学,都深深感染、激励着王安石。少年王安石决定学习李白谦虚求学的精神,他挑起书箱行李,开始四处求学。

一次,王安石听说在千里之外的宜黄鹿岗上,有位德高望重的老师名叫杜子野,他见多识广,知识渊博,拜他为师的弟子都得到了他的真传。王安石听说后,立刻马不停蹄的前来拜师学习。而王安石不远千里真挚求学的态度,感动了杜子野先生,他高兴地收王安石为弟子。

一天,王安石翻阅书籍时得知,李白曾梦见过自己的笔头上生出一朵美丽惊艳的莲花。从此以后,李白的创作灵感犹如滔滔江水,源源不断。王安石看后觉得很不可思议,百思不得其解。刚刚吃过晚饭的王安石心想老师应该还不会睡,便来到老师门前请教。

王安石很纳闷地问:"老师,我看到李白梦到自己笔头长莲花的事,你说这世上真的有生花妙笔吗?"

杜子野笑了:"当然有! 不过呢,并不是所有的笔都可以长出花的,我们肉眼是看不出来的!"

王安石还是很认真:"老师,我也想有一支生花妙笔,我要怎么才能找到呢?"

杜子野一本正经地:"这个我也分辨不出来, 不过呢, 这一千支毛笔中,肯定有一支是生花妙笔!"说完,老师递给了王安石一捆毛笔。

王安石一脸迷茫:"那我怎么分辨啊?"

老师说:"你需要将每只毛笔都用过,而且直到将笔写秃为止,你才会发现哪支笔是生花妙笔了。"

王安石仍旧大惑不解:"那我得写到什么时候呢?"

杜子野循循善诱:"你不是想找生花笔吗? 这可能就是唯一的办法了!"

王安石拿着老师给的一千支毛笔回到房间,不由得心驰神往:李白只是梦到生花妙笔就从此灵感不断,那我要是找到生花妙笔,一定会比诗仙还厉害些! 想到这里,王安石心潮澎湃,抓起其中一支毛笔,开始挑灯夜战,王安石足足写了一晚上的文章,可是也没有将笔头写秃。第二天,王安石依旧用那支笔继续写文章,直到把它写秃为止。

接着是第二支、第三支……其间,王安石曾经怀疑过是否真的有生花妙笔,可是他一想到李白梦到过,相信他一定是有过的。老师又是那么认真地教导自己,应该所言不虚。于是,单纯的王安石发誓一定要找到生花妙笔。

　　日复一复，年复一年。王安石天天苦写文章、抄诗写词。慢慢的，毛笔一支支逐渐减少。当写秃了第五百支毛笔时，王安石看到自己的文章依旧如初，这使他十分气馁，他找到老师，说自己不想再写了。老师不语，挥笔写下四个字送给了王安石：锲而不舍。王安石顿时醒悟，他将老师送给他的字放在书桌上，每天看一次，以此来警醒自己。

　　一天夜里，王安石兴趣大作，持笔写下一篇《策论》，王安石觉得自己文思潮涌，行笔如云。他一挥而就，完成了这篇见解颇深的文章。看着自己完成的文章，再看看自己即将写秃的毛笔，王安石顿时恍然大悟，兴奋地找到老师："老师，我找到生花妙笔了！"

　　杜子野十分欣慰："你已经学业有成了！"

　　离开杜子野的王安石依旧一如既往地抄诗写词、勤练文章。而这篇见解独到的文章，也为王安石以后入朝为官大兴改革的思想打下了深刻基础。

　　庆历二年，王安石通过多年苦读，最后考中进士第四名，朝廷任命他为淮南判官。他为人清正廉明，体恤百姓，深受百姓爱戴。治平四年，神宗初即位，便将王安石召为翰林学士，熙宁二年又提拔为参知政事，后改任三司度支判官。

　　此时的宋朝正面临着政治、经济上的困难，王安石则系统地提出了自己变法改革的主张。从熙宁三年起，王安石任同中书门下平章事，此时的王安石职位如同宰相。于是，王安石将自己的大规模改革运动付诸实施，这次富于积极意义的改革，使得国家在工业、农业、军事、经济上都有了明显的改观，其主张的富国强兵将宋朝处于各种危机之中的局面得以缓解，从根本上改变了北宋积贫积弱的弊端。

　　王安石还主张培养人才，他改革科举制度，改革取士。废明经，设明法科。进士科不考诗赋考时务策，整顿太学，做到唯才是用。

　　在王安石任北宋丞相期间，他领导的"熙宁变法"是继"商鞅变法"后中国又一次规模巨大、影响深远的社会变革运动。但是王安石的新主张触及到了官僚和地主的集团利益，遭到了他们的强烈反对与排挤，此时王安石处于众人诋毁的漩涡之中，迫于压力，王安石决定辞去所有官职，告老还乡，去过闲居生活。他每天吟诗作词，享受人间极乐。

　　王安石的品行不仅被他的朋友称赞，就连他的敌人也十分敬佩。他一生简朴、博学，而且王安石也是中国历史上唯一一个为官一生不曾坐轿子、不曾纳妾，死后更无任何遗产的清贫宰相。

　　欧阳修曾称赞王安石："翰林风月三千首，吏部文章二百年。老去自怜心尚在，后来谁与子争先。"

　　而王安石最得世人传之诗句，莫过于那首《泊船瓜洲》中的"春风又绿江南岸，明月何时照我还。"

王安石诗歌代表作

《登飞来峰》

飞来山上千寻塔，

闻说鸡鸣见日升。

不畏浮云遮望眼，

只缘身在最高层。

《泊船瓜洲》

京口瓜洲一水间，

钟山只隔数重山。

春风又绿江南岸，

明月何时照我还？

梦想需要付诸行动才会成为现实。本节故事中的王安石，为了将自己的理想变成为现实，不惜劳苦，四处拜师求学；为了能够拥有和诗仙一样的才华，他不知写秃过多少支毛笔。付出与收获是成正比的，王安石的付出不仅使他成为一代宰相名士，也使他成为后人瞩目万世传颂的著名诗人。任何一个人的理想与目标，都可以通过自己坚持不懈的努力而成为现实。

熙宁变法

熙宁变法，因是王安石发动，亦称"王安石变法"。指北宋时期，大臣王安石发动的旨在改革北宋建朝以来多端积弊的现状，以富国强兵为目的而掀起的一场轰轰烈烈的全面改革。

王安石以"因天下之力以生天下之财，取天下之财以供天下之费"为原则，从理财入手，颁布了"农田水利法"、均输法、青苗法、免役法（又称募役法）、市易法、方田均税法，并推行保甲法和将兵法以强兵。变法取得的成果有目共睹，但它最终以失败而告终。

■ 但丁的老师

维吉尔(公元前 70 年 – 公元前 19 年),被罗马人称为最伟大的诗人。

他一生都是一边务农,一边写作,所以他的作品多贴近生活,农家诗歌较多。著有长诗《牧歌》、《爱奈特》、史诗《埃涅阿斯纪》。

维吉尔生于阿尔卑斯山南高卢曼图亚附近的安得斯村,他并非真正的罗马人,只是生长在这里。由于这一带的农业兴旺,文化发达,因此这里曾出现过很多重要的文人。

维吉尔的祖先一直以来都以种地为生,但他们并不贫穷,相反,因为祖先勤劳,所以维吉尔的家族比较富裕。

传说维吉尔的母亲在生他的时候做了一个梦,梦中,维吉尔的母亲生了一株目桂树,此树落地便立即长成一株枝繁叶茂的参天大树,还结下了许多果实和花朵。维吉尔的母亲不知此梦是好是坏,可当维吉尔出生后,他便开始体弱多病,这让维吉尔的母亲开始担心起来。

但是维吉尔却很喜欢读书,从小就去过很多地方学习,受到过良好教育。维吉尔出生在战火不断的年代,那时的罗马要求每个男子都去当兵。维吉尔的体质过差,他不仅患有喉炎,而且常常头痛、胃痛,偶尔还吐血,所以,维吉尔就没有参军,而一直在家务农。维吉尔由此在种地的同时,开始尝试写作。

青年维吉尔可以说是无所不通,无所不精。他从小学习希腊文,学过哲学,懂得医学、法律。他曾试图成为一名律师,并且参加过一次辩论赛。

可惜，维吉尔天生不是做律师的材料，因为口齿笨拙，维吉尔遭到周围人的耻笑。因此，这次辩论赛使维吉尔彻底失去了对自己口才的信心，反倒从此开始专心写作。

公元前42年，一次大战中，胜利者屋大维与马克·安东尼带领获胜的士兵来征收土地，而维吉尔家也在征收范围内，而这次巧遇，使维吉尔成为了屋大维成员。

公元前31年，屋大维在亚克兴海战打败安东尼，四年后，屋大维建立了罗马帝国之后，加封了奥古斯都称号。维吉尔一直是奥古斯都最尊重的诗人。维吉尔也在他的诗里不断歌颂奥古斯都的功绩。在创作著名史诗《埃涅阿斯纪》时，维吉尔游览了欧洲多个国家，了解并学习不同国家的文化。

维吉尔对自己的文学创作要求极高，每篇作品的创作都要深思熟虑，反复斟酌。而在完成创作后，维吉尔也会认真修改多遍，直至自己满意为止。

在创作史诗《埃涅阿斯纪》时，维吉尔几乎用尽了毕生心血，他曾多年足不出户，茶不思饭不想，这让他的家人很担心。但维吉尔曾多次对家人说："当我写作的时候，我所有的痛苦都挥之一去了。"

然而，那部史诗仍不能令维吉尔满意，他不断变换思想，变换方法去思考去创作。最终，他用了整整十年时间来创作这部史诗，可无论怎样他都觉得还需要加以修改。当他把初稿完成后，打算再用三年时间来将这部他认为并不完美的史诗加以充实，可他却在这时去世了，年仅51岁。

这对维吉尔来说，可能是人生最大的遗憾。他在临终前曾交代他的朋友，让他们在他死后将这部史诗初稿烧毁，他觉得这部史诗创作得并不完美。值得庆幸的是，他的朋友并没有那样做，而是将这部影响罗马一世的史诗保留了下来。虽然这只是维吉尔的初稿，可在众人看来，那已完美无缺了。

维吉尔终身未娶，在他逝世时，他曾留下遗言：将毕生用心血汗水换来的全部财产，分别留给了他的异父弟弟、他一生忠诚的屋大维和他所有的朋友!

维吉尔的逝世,对罗马人来说是个沉重的打击。在他生前,人们就认为他是古罗马奥古斯都时期最重要的诗人。在他逝世后,他的名声依旧长久不衰。由于罗马基督教会从公元四世纪兴起,人们就认定他是未来世界的预言家和圣人,维吉尔在中古时代享有特殊的尊荣地位。

他同时也是著名诗人但丁所最崇拜的诗人,但丁曾在自己的作品中,称维吉尔为老师。

在古代希腊罗马文学作家中,维吉尔被公认为是荷马以后最重要的史诗诗人。

维吉尔诗歌代表作

《牧歌》(节选)

当那凉夜的阴影刚刚要从天空消亡,

当柔软的草上的朝露最为牲口所欣赏,

达蒙就倚在平滑的橄榄枝上开始歌唱:

启明星啊,请你升起,并带来吉日良辰;

我爱上了妮莎,但她欺骗我,对我不贞,

我将作悲歌,天神虽不为我的盟誓做主,

我这将死的人却要最后一刻向你们申诉。

开始吧,我的笛子,和我作迈那鲁的歌。

迈那鲁山会常有萧萧幽薮和密语的松林,

它也经常听到牧人们在相思中的怨吟,

和山神的歌,它首先不愿意叫芦管无声。

开始吧,我的笛子,和我作迈那鲁的歌。

妮莎嫁了莫勃苏,世上有各样古怪的婚配,

只要时间长了就连浚狼也会和母马成对,

胆小的鹿也会跑去跟猎犬在一处喝水。

开始吧,我的笛子,和我作迈那鲁的歌。

重复是学习之母。本节故事中的维吉尔，正因为对自己的创作有着极高要求，不惜重复修改、完善和充实，才使得他的史诗作品得到后人称赞。他不厌其烦地修改自己的作品，直至它达到自己所认为的完美水平，这种刻苦认真的精神，对自己要求极高极严的文学家，是人生中足可借鉴的榜样。写作正如人生，一遍遍地反复审视自己、认识自己、修正自己，才会让自己的人生境界得以提高，从而让我们的人生更上一层楼！

知识链接

奥古斯都

奥古斯都（Augustus），是罗马帝国的开国君主，统治罗马长达 43 年。

公元 14 年 8 月，在他去世后，罗马元老院决定将他列入"神"的行列，并且将 8 月称为"奥古斯都"月，这也是欧洲语文中 8 月的来源。

一般认为屋大维是最伟大的罗马皇帝之一。虽然他保持了罗马共和的表面形式，却作为一位独裁者，统治罗马长达四十年以上。他结束了一个世纪的内战，使罗马帝国进入了相当长的一段和平繁荣的辉煌时期。历史学家通常以他的头衔"奥古斯都乌斯"（尊崇的意思）来称呼他。这个称号是他在公元前 27 年的时候获得的，他时年仅 36 岁。屋大维是凯撒大帝的甥孙和养子，亦被正式指定为恺撒的继承人。前 43 年，他与马克·安东尼、雷必达结成后三方同盟，打败了刺杀凯撒大帝的共和派贵族。

前 36 年他剥夺雷必达的军权，后在嘎恪徒海战打败安东尼，消灭了古埃及的托勒密王朝，回罗马后开始掌握一切国家大权。前 30 年，被确认为"终身保民官"，前 29 年获得"大元帅"称号；公元前 27 年 1 月 16 日获得"奥古斯都"称号，建立起了专制的元首政治，开创了罗马帝国。

诗歌上的白发

　　"你站在桥上看风景,看风景人在楼上看你。"这首广为流传的诗句,是中国著名诗人卞之琳的代表作。

　　卞之琳,我国 20 世纪最杰出的诗人之一,他开创了中国新诗现代化的时代。同时他也是新月派的代表诗人,与何其芳、李广田并称为"汉园三诗人"。

　　1910 年 12 月 8 日,卞之琳出生于江苏海门烫门镇一个书香门第。受父母影响,他从小就很喜欢读书。在 14 岁那年,卞之琳看了冰心一部诗集,从此便对诗歌深深着迷。

　　1929 年,卞之琳从上海浦东中学毕业,进入北京大学英文系读书。在那里,卞之琳的诗歌兴趣开始受到英国浪漫派与法国象征派诗歌的影响,并开始尝试创作。在这期间,他十分幸运地碰到了诗人徐志摩。徐志摩说卞之琳是一个可造之人,而且他特别欣赏卞之琳的写作风格,所以就收他为徒。从那以后,两人时常在一起相互切磋、交流创作心得和经验。

　　在读书期间,卞之琳博览群书,他阅读了大量海内外各类诗歌。最后,卞之琳将法国象征派诗歌与中国古典诗词巧妙结合在一起,形成了自己独特风格。

　　上帝没有赋予卞之琳诗歌天赋,他没有过人的聪明才智,所以,卞之琳始终抱着笨鸟先飞的态度来进行创作。卞之琳属于埋头苦干类型,他一旦坐在书桌前,任何事情都无法打扰他,完全将自己置身诗歌之中。为完成一部诗歌作品,卞之琳总是不厌其烦地反复修改。卞之琳不仅对自己的作品认真,而且在做其他事情时,也是始终认认真真的进行。

一次,卞之琳和朋友一起到食堂帮忙劳动,厨师让他们帮忙洗韭菜。此时,外面有很多人正排队等着吃饭。卞之琳的朋友见状后,三下五除二就将手里的青菜全部洗完,只有卞之琳仍旧埋头一根一根地仔细地把韭菜洗完。食堂厨师着急了,就急忙对卞之琳说:"外面几百人等着吃饭呢,你这得洗到什么时候啊!"

卞之琳却郑重其事:"要么不做,要做就应该认真做!"

厨师听见卞之琳这番话,顿时哑口无言,哭笑不得。

卞之琳在文学界是出了名的精雕细琢型诗人。在他的诗句中,哪怕是一个标点符号,他也要认真对待,反复斟酌。哪怕是帮人著译,他也会逐字逐句地反复思考、掂量许久,他曾说过:"作家应该重视作品。"

卞之琳的这种敬业精神,使他创作出了许多优秀作品,为后人所称赞。

卞之琳不仅是个出色的诗人,也是个优秀的翻译家,尤其对莎士比亚文学特别有研究。因为卞之琳对莎士比亚了解得十分透彻,所以,后来他就担任了中国莎士比亚研究会副会长。

卞之琳一生在创作之余,长期从事翻译莎士比亚等外国作家作品的工作。因此,他还出版了诗歌理论集《人与诗:忆旧说新》。

卞之琳的诗歌既有支持者,同样也有持批评意见的。有人曾严厉地批判卞之琳的诗歌太过虚幻、脱离实际。即便如此,卞之琳还是一如既往地认真创作、精心修改,他对自己诗歌字词句的要求近乎苛刻,在字词句上下了很多功夫。后来,那些批评者也不得不承认,卞之琳的诗歌字句精湛,技巧纯熟,实在无可挑剔。

1949年以前,卞之琳的诗歌被广泛传诵。但在此后的三十年里,卞之琳却进入了他人生创作的低谷期、沉默期。

这段时间,他的创作人生几乎成为空白,大家几乎要遗忘他了。

其实,卞之琳依旧在创作。为了维持生计,他还同时兼职做翻译。他认为,写诗是自己人生中最大的爱好,而翻译则是用自己的一技之长来维持生活。

虽然创作仍在继续,但卞之琳的诗歌却一直不为外界认可。当他出版诗集《翻一个浪头》时,遭到了批评界升级式的嘲笑。有人居然指责此诗集中有许多读来不顺的句子,根本称不上诗!

这种极度伤人的口吻,让卞之琳的自尊深受打击,创作多年如今竟变回不会写诗,这对于诗人来说是一个莫大的耻辱。迫于批评界的巨大舆论压力,卞之琳选择暂别诗坛,投身翻译工作,虽然他表面上开始很少发表诗歌,但实际上卞之琳还是没有停止诗歌创作。

他一直在寻找自己的突破点。

20世纪50年代,随着大众文学的兴起,卞之琳开始积极地改变自己的诗风,同时他积极参加抗美援朝、土地改革、农业合化等运动,一同上山下乡,和民众近距离接触,这给卞之琳的创作带来了生活质感,他的创作灵感开始丰富、生动起来。而深入底层的劳动生活,也为他的诗歌创作提供了诸多生活素材。因此,在这期间,卞之琳创作出了很多佳作。

在"文化大革命"期间,他也难逃一劫,同样也被列入"挂黑牌"的行列。在这段日子里,卞之琳的事业与生活双双受到重大打击。几近艰难屈辱的生活,让卞之琳的家人濒临崩溃边缘。但卞之琳却始终抱着一种乐观平和的心态,无论外界对他态度如何,如何羞辱他,而他手中的笔却永不停歇。

诗歌创作可谓是卞之琳一生的挚爱,什么样的遭际都无法阻挡他。

直到20世纪的80年代,在国内始终默默无闻的卞之琳,却突然成为国外文坛重点研究对象。卞之琳大多诗歌作品的灵感,都是来源于人们日常生活中一些看似微不足道的小事,可他却能在诗歌的意境中,表达出深刻、耐人寻味的大道理。不仅如此,他丰富的想象力和淳朴的语言,深受欧洲诗坛欢迎。

90年代,卞之琳东山再起,他不仅在国内诗坛上开始占有一席之地,而且在研究、译著方面都拥有了自己的独特领域。经过漫长的三十年的厚积薄发，终于在沉默多年后，他重新站到了中国文坛的最高峰！

2000年1月，中国诗歌学会授予90岁高龄的卞之琳"中国诗人奖——终身成就奖"！这对于卞之琳来说是至高无上的荣耀。

直到白发苍苍，他依旧对诗歌创作痴情、专心，这是他能够在诗坛上重新辉煌的重要原因。

卞之琳是一位为中国诗歌文学创作事业做出过重要贡献的伟大诗人，为我们留下了一笔笔宝贵的文学财富！

卞之琳诗歌代表作

《入梦》

设想你自己在小病中

（在秋天的下午）

望着玻璃窗片上

灰灰的天与疏疏的树影

枕着一个远去了的人

留下的旧枕

想着枕上依稀认得清的

淡淡的湖山

仿佛旧主的旧梦的遗痕

仿佛风流云散的

旧友的渺茫的行踪

仿佛入往事在褪色的素笺上

正如历史的陈迹在灯下

老人面前昏黄的古书中

你不会迷失吗

在梦中的烟雨

逐梦箴言

不在沉默中爆发，就会在沉默中死亡。本节故事中的卡之琳就是在自己被埋没三十年后重新爆发，并取得了重大成绩。在被埋没几十年的漫长岁月中，卡之琳并没有因为被所谓的"主流社会"所排斥，而放弃自己的诗歌创作。他不仅热爱诗歌，并且对诗歌创作始终不离不弃。他的自信与坚持，使得他能够在多年以后一鸣惊人，厚积薄发，重新站在最高的领奖台上！

卡之琳的成功昭示着一个成功秘诀：只要坚持不懈，无论时间多久，总会有成功的那一天！

知识链接

新诗

新诗，是指五四运动前后产生的、有别于古典诗歌的、以白话作为基本语言手段的诗歌体裁。在中国文学发展过程中，诗歌(包括诗、赋、词、曲等)曾取得过很高成就。但到了近代，古典诗歌的创作逐渐走向僵化，"陈词滥调"充斥文坛，"无病呻吟"的创作倾向相当普遍，古典诗歌所使用的词汇与现代口语严重脱节，它在形式上(包括章法句式、对仗用典以及平仄韵律上)的种种严格限制，对诗歌表现不断变化的日益复杂的社会生活，表达人们真实的思想感情，造成了极大束缚。因此，新诗革命成了"五四"新文学运动最先开始的、也是最重要的组成部分。

我的未来不是梦

◎ 智慧心语 ◎

1.认识了生活的全部意义的人,才不会随便死去,哪怕只有一点机会,就不会放弃生活。

——海涅

2.世之奇伟瑰怪非常之观,常在于险远,而人之所罕见至焉,故非有志者不能至也。

——王安石

3.你站在桥上看风景,看风景人在楼上看你。明月装饰了你的窗子,你装饰了别人的梦。

——卞之琳

4.明天,明天,还有明天,人们都在这样安慰自己,殊不知这个明天,就是以把他们关进坟墓。

——屠格涅夫

5.才华是刀刃,辛苦是磨刀石,很锋利的刀刃,若日久不用磨,也会生锈,成为废物。

——老舍

6.不要懒懒散散地虚度生命。

——贝多芬

第六章

冬天之后是春天

◦ 导读 ◦

朱自清与狄金森的童年都在家长的掌控中长大,如此童年也许不幸,但事实证明:也许就是因为那种严格的家庭教诲,才改变了他们的一生;屈原与雪莱虽然有着并不理想的家庭环境,可他们却克服了这样的外在因素,并将命运掌握在自己手里。今人与这些诗人当年的家境相比或许更好些,也或许更差些,但人生要不懈地奋斗,耐心地等待,才会有精彩绽放的那一刻!

■ 朱自清的背影

朱自清,原名朱自华,号秋实,字佩弦。1898 年 11 月 22 日生于江苏省东海县,原籍浙江绍兴。因祖父、父亲都定居扬州,所以,他自称是扬州人。朱自清是中国现代著名诗人、散文家,民主战士。

朱自清出生在书香世家,自小就在私塾读书,因此深受中国传统文化影响。

其父亲也是位读书人,因为朱自清是家中长子,所以父亲朱鸿钧对他寄予了很高的期望,希望他将来有朝一日能够光宗耀祖。

所以,父亲对年少的朱自清既疼爱,又严厉,一方面要保证朱自清生活无忧,一方面,他又怕这样会放纵朱自清。朱自清虽然生活在衣食无忧的家庭中,但父亲严厉的管教使他没有像其他玩伴那样快乐。

在朱自清小的时候,新学刚刚兴起。但是,在封建社会生活了大半生的父亲接受不了新学的教育,他仍旧沿用原来一些老旧的思想来教育朱自清。由于对新式学校教学方法的怀疑,朱自清的父亲就决定把朱自清送到当地举人开的学校内读书,在那里,朱自清学习到了大量的中国古文和诗词。

每天晚上吃饭时,父亲常常让朱自清把白天写的作文拿过来过目,朱自清坐在父亲的身边,父亲一边喝着老酒,一边摇头晃脑地低吟小朱自清的作文。看完作文后,父亲如果看到老师在作文下面给予好评,就会欣然喝酒,笑着称赞朱自清几句。如果老师给的评语很好,他就会顺手给小朱自清几粒花生米或是一块豆腐干作为奖赏。但如果看到老师对文章评价不好，或者是对作文删改太多，父亲就会勃然大怒，痛斥朱自清。如果小朱自清因为父亲训导而大哭起来，父亲反倒变本加厉地训斥，直到朱自清不再哭闹为止。

有时，小朱自清被教训得满脸泪水，父亲也不会因此心软，他会让朱自清含泪把老师批改完成的作文再写一遍，直到他满意才会放过他。

一次，朱自清的作文写得不好，老师就给他画了个叉，结果，朱自清的父亲一怒之下将文章扔在火盆里烧掉，并且要求他重新写，然后再请老师指点。

父亲这个盛怒之下的举动，给朱自清留下了很深刻的印象。从那以后，朱自清每次写作文时，都会费劲脑汁地去写，好让老师和父亲满意。

父亲严格的家教，使朱自清自小就在古诗文和经史方面打下了坚实的基础，这对他以后的创作带来了不可估量的影响。不仅如此，父亲的严格教育，让朱自清的人生里多了几分进取向上的性格素养。

1916 年夏天，朱自清以优异的成绩考进北京大学预科。在朱自清进入学校后没多久，他的父亲就失业了，突然间，全家失去了经济来源。

因为朱家人口众多，生活一夜间就变得十分拮据。父亲为了让朱自清在北京安心念书，特意嘱咐家人不许把家里的变故告诉朱自清。

直到朱自清放暑假回家，才察觉出家里的变化。家里的经济状况不断恶化，朱自清为减轻家里负担，所以选择提前考入北大，进入哲学系学习。

20 岁时，朱自清希望自己一生都能做到出淤泥而不染，所以改名为"自清"以此来警醒自己。

北大毕业后，朱自清留校任教，并在此时加入新潮诗社。那段日子，诗社是朱自清外出唯一去的目的地。久而久之，受诗社影响，朱自清萌发了创作的冲动，他随即行动起来，他的处女作《睡罢，小小的人》就在这一年问世。从此，朱自清走上了文学道路。

因为积极参加"五四"爱国运动和新文化运动，他成为"五四"时期重要的作家之一。

1922 年，朱自清和俞平伯等人创办了中国新诗诞生时期最早的诗刊，即月刊《诗》。

第二年，朱自清发表了中国现代文学史上第一首抒情长诗《毁灭》，诗歌发表后，在社会上得到了很高评价。一时间，这首诗在当时的诗坛上占有了相当重要的地位。

1925 年，朱自清来到清华大学国文系任教。

随后几年，朱自清先后出版了《踪迹》和《雪朝》等诗集。这一时期的诗歌创作，朱自清深刻地揭露了当时社会的黑暗，同时也表明了他对光明的向往和对革命的赞美。诗集刊行后，受到社会民众的广泛欢迎。自此，朱自清的名字开始被大家熟记于心。

清华大学曾有规定，凡是教授在校工作满五年，就有一年的学术休假，再由学校资助去外国访问进修。

1931 年，朱自清在清华大学中文系任教授已五年，按学校规定，朱自清来到了英国伦敦皇家学院和伦敦大学注册旁听。

进入英国学习后，朱自清越发觉得自己缺少外国文学知识。据朱自清说，在那段时间，朱自清曾两次梦中惊醒，只因梦到清华大学因为他在外国文学上学养不足，所以不再继续聘他为教授的事情。而每次都把朱自清吓出一身冷汗！

正所谓，日有所思，夜有所梦。醒来后的朱自清觉得自己的这个梦很有道理。于是，在英国留学进修语言学和英国文学的时候，他更加努力，利用在伦敦的一切便利条件，提高自己。

在此期间，他还漫游了欧洲五国，开阔了眼界，从而给他以后的创作也积累了很多素材。

回国后，朱自清立即开始创作，他一边教学，一边完成了《欧游杂记》的写作。

自 20 世纪 20 年代中期以后，朱自清开始专心创作散文，著有散文集《背影》、《欧游杂记》、《你我》、《伦敦杂记》和杂文集《标准与尺度》、《论雅俗共赏》等。

我的未来不是梦

111

而《背影》则再次将朱自清推上了文坛峰顶,他以平淡朴素的文笔和真挚动人的情感,博得了众人的青睐。

抗日战争爆发后,朱自清随学校南迁到长沙、昆明等地区任教。在硝烟弥漫的恶劣环境下,即使外面天塌地陷,朱自清也不为所动,他坚持创作,哪怕环境再恶劣,生活再艰苦,他都不肯停止写作。而散文《语文影》和与叶圣陶合著《国文教学》等书就是在这样不平静的日子里创作而成的。

抗日胜利后,国民党政府发动内战,为镇压民主运动,朱自清的好友李公朴、闻一多两人先后遇害。这个突如其来的消息震撼了朱自清,使他伤心不已。朱自清不仅因为痛失两位文友而难过,更为中国诗坛从此失去两位才子而悲痛。

在亲朋等人竭力阻拦的情况下,朱自清不顾个人安危,毅然决然地出席了成都各界为闻、李举办的追悼大会,并在大会上宣传闻、李的生平事迹。

在反饥饿、反内战的斗争中,朱自清身患严重的胃溃疡,他忍受剧烈的疼痛,坚定地在《抗议美国扶日政策并拒绝领取美援面粉宣言》上写下了自己的名字。而此时,朱自清的体重已经下降至77.6斤,他拒绝可以挽救他生命的救命粮食。不仅如此,他还在病痛之时,用微弱的声音不断嘱咐家人:不许买配售面粉。

最终,朱自清因胃溃疡恶化而导致胃穿孔,入院治疗无效,于1948年8月12日逝世,结束了与病魔抗争的痛苦岁月,享年50岁。

临终前,朱自清叮嘱妻子:"要记住,我是在拒绝美援面粉的文件上签过名的,我们家以后不买美国面粉。"

这个坚强的爱国诗人,即使在迫切需要营养和治疗的时刻,毅然决然地拒绝这种"收买灵魂性质"的施舍,从始至终保持着一个正直的爱国知识分子的高尚情操。他向世人证明了一位中华民族优秀知识分子的尊严和气节。

朱自清在自己一些至情至性的散文作品中,为自己树立了一种文质并茂、自然亲切的"谈话风";在以谈言微中、理趣盎然的杂感作品中,实现了诗人、学者、斗士的统一。

他还先后对古诗十九首、乐府、唐宋诗作过深入研究,对李贺、陶渊明作过认真的多年考证,作有《十四家诗钞》、《宋五家诗钞》等著述。朱自清一生都遵循父辈的教诲,治学严谨,取材翔实,思想敏锐。

朱自清以独特的美文艺术风格,为中国现代散文增添了瑰丽的色彩,为建立中国现代散文全新的审美特征,创造了具有中国民族特色的散文体制和风格.他感人肺腑、蕴含深刻的文章,被大量编进教材,成为大家耳熟能详的佳作。

朱自清一生勤奋、好学,他一生共创作了诗歌、散文、评论、学术研究著作 26 种,约二百多万言。不仅如此,朱自清还对建设平易、抒情、本色的现代语体散文作出了巨大贡献。

逐梦箴言

家教,是典型的后天环境培养的科学,是典型的另一种基因。本节故事中的朱自清之所以在中国文坛取得了不朽的成绩,概因他童年少年时代接受了父亲的传统教育,及严格的做人为文的要求。

知识链接

中国浪漫主义

浪漫主义是文艺基本创作方法之一,与现实主义同为文学艺术上的两大主要思潮。作为创作方法,浪漫主义在反映客观现实上侧重从主观内心世界出发,抒发对理想世界的热烈追求,常用热情奔放的语言、瑰丽的想象和夸张的手法来塑造形象。浪漫主义的创作倾向由来已久,早在人类文学艺术处于口头创作时期,一些作品就不同程度地带有浪漫主义的因素和特色,但这时的浪漫主义既未形成思潮,又不是为人们自觉掌握的创作方法。

我的未来不是梦

■ 冬天来了，春天还会远吗？

冬天来了，春天还会远吗？每当看到这句唯美而又富有哲理的名言，人们就会想起那位英国伟大诗人珀西·比西·雪莱。

珀西·比西·雪莱（Percy Bysshe Shelley）是英国浪漫主义诗人，也是著名民主诗人。雪莱是英国文学史上最富有才华的抒情诗人之一，他一生见多识广，知识渊博，喜爱哲学，不仅是个柏拉图主义者，更是个伟大的理想主义者。他创作的诗歌节奏明快，积极向上，深受英国读者喜爱。

1792 年雪莱出生于苏塞克斯郡的一个贵族家庭，祖父是受封的男爵，父亲是一名议员。雪莱自 6 岁开始就广泛学习拉丁文、法文、地理、天文，还到处听化学和物理的讲演，12 岁时进入伊顿贵族学校接受教育。

因为自小接受良好教育，所以雪莱在 8 岁时就开始写作诗歌。在伊顿学习的那几年中，雪莱与其表兄托马斯合作了诗歌《流浪的犹太人》，并且出版了讽刺小说《扎斯特罗奇》。

1810 年，雪莱进入牛津大学读书。因为雪莱喜欢阅读英国自由思想家的著作，所以他常常将关于上帝、政治和社会等一些问题和想法写在小册子上，然后散发给一些素不相识的人，并询问他们看法与意见。

学校为此很是不满。所以，就读不满一年的雪莱因为自己发表的小册子而被牛津大学开除。雪莱的父亲听到这一消息后大发雷霆，他要求雪莱公开声明自己与册子毫无瓜葛，可雪莱拒绝了。父亲因此勃然大怒，将他赶出了家门。

　　身无分文的雪莱只得靠自己妹妹的援助勉强生活,而在这一时期,他结识了妹妹的同学——一个小旅店店主的女儿。雪莱同这个女孩成了朋友,雪莱十分同情这个可爱而又可怜的女孩。

　　后来,雪莱离开了那里,决定到威尔士旅行。可就在途中,雪莱收到女孩的来信,信中女孩说自己在家中受尽父亲各种虐待,看到此消息的雪莱立刻赶回了伦敦,带着身世可怜且又爱慕他的女孩踏上了私奔的道路。

　　不久后,他们在爱丁堡结婚,婚后住在了约克。

　　1813 年,21 岁的雪莱发表了自己第一篇长诗《麦布女王》。诗中,雪莱反映了当时劳动人民的悲惨遭遇, 他用犀利的语言抨击封建制度的专横无道和英国资本主义制度的剥削,从而引起了英国资产阶级的仇视,被迫侨居意大利。

　　在雪莱逃亡的日子里,他的祖父离世,按照当时的继承法,身为长孙的雪莱得到了一笔年金。这对正处于生活贫困中的雪莱来说,简直就是雪中送炭。然而,雪莱拒绝独享,而是将财产与妹妹共同分享。

　　1818 年至 1819 年,雪莱完成了大量作品,其中包括名作《西风颂》和最具有创造性的作品《钦契一家》。还有被当时英国评论家称为"当代最恶劣的作品,似出于恶魔之手"的《倩契》,这部结构完美、音乐和谐的作品在英国诗歌史上占有重要地位。

　　在后来雪莱携妻子同游欧洲时,无意间与在日内瓦湖畔的拜伦结交,并且交往密切。这两位伟大诗人的友谊一直保持到雪莱逝世。雪莱后期的作品《朱利安和马达洛》就是以自己和拜伦作为原型来创作的。

　　可是这年 11 月,雪莱的妻子自尽,而在法庭上,法官因为雪莱是写批评宗教诗歌的诗人,就将两个孩子的教养权判给他的岳父。为此,雪莱受到沉重的打击,从此以后不再提起自己的家人,就连他最亲的朋友都不敢在他的面前提及他的孩子。出于痛苦及愤怒,雪莱选择用笔来抒写自己的情感,备受欢迎的《大法官》就是在这时创作的,

　　雪莱不仅是个勤奋学者,也是一个有爱心的人。

　　离雪莱家门不远处的马路边,有个老人常常坐在那里乞讨,可是路过

的人都不理睬这个老人。

一天，雪莱看老人实在可怜，就施舍了老人一点钱，在他把钱放进老人的铁罐时，发出"当啷"的响声，老人才意识到有人帮助了他，连忙感谢。

雪莱突然明白，原来老人是个盲人，可是他想：那又有几个人知道老人看不见呢？老人一声不响地坐在这里，谁会知道老人是需要帮助的？

雪莱跟老人说："我为您写一句话，希望能帮到您！"

随后，他为老人写下：春天到了，可是我看不见！此话一出，就有很多路人知道这里有个看不见春天的可怜老人，就纷纷掏出钱来，帮助老人。雪莱突然意识到，原来自己的知识不仅可以帮助自己，也会帮助别人。

1822年7月8日，30岁的雪莱在乘坐自己建造的小船"唐璜"号从莱杭渡海返回故乡的途中遭遇风暴，导致船覆，雪莱及同船的两人无全部溺水身亡。雪莱的遗体由好友拜伦火化后，在次年的1月骨灰被带回罗马，葬在雪莱生前认为最理想的安息场所。

雪莱一生的作品都热情而富哲理，诗风常常自由不羁，正如他所说：生命的形象表达，在永恒的真理中的是诗！他的这个定义被后人广为流传，而他也被誉为诗人中的诗人。

雪莱诗歌代表作

西风颂（节选）

哦，狂暴的西风，秋之生命的呼吸！

你无形，但枯死的落叶被你横扫，

有如鬼魅碰到了巫师，纷纷逃避：

黄的，黑的，灰的，红得像患肺痨，

呵，重染疫疠的一群：西风呵，是你

以车驾把有翼的种子催送到

黑暗的冬床上，它们就躺在那里，

像是墓中的死穴，冰冷，深藏，低贱，

直等到春天，你碧空的姊妹吹起

她的喇叭，在沉睡的大地上响遍，

(唤出嫩芽,像羊群一样,觅食空中)

将色和香充满了山峰和平原。

不羁的精灵呵,你无处不远行;

破坏者兼保护者:听吧,你且聆听!

逐梦箴言

雪莱曾说:过去属于死神,未来属于你自己!是的,我们的人生掌握在自己的手里,面对生活不幸的遭遇,我们可以痛苦不堪,也可以一笑而过。信心、诚心、爱心都是做人的法宝。雪莱正抱着这样做人的守则,在梦想成真的同时,也不忘记做人的根本,帮助能够帮助的人,也是人生的一大乐趣。

知识链接

柏拉图主义

柏拉图主义中文翻译:柏拉图哲学或柏拉图的哲学,尤指宣称理念形式是绝对的和永恒的实在,而世界中实在的现象却是不完美的和暂时的反映。宣称信仰柏拉图主义并非意味着接受柏拉图的所有见解,而往往只是对如下特定思想的认同,即理念形式是存在的、永恒的,并比世界中的现象更实在、更完美,甚至是唯一真正实在和完美的实体。这个体系还包括认为理念形式只能由灵魂所认识等。

■ 箱子里的巨作

艾米莉·狄金森(狄更生)(Emily Dickinson)是美国著名女诗人,被誉为美国传奇诗人。

狄金森1830年出生于马萨诸塞州的一个小镇,她的祖父是阿默斯特州学院的创始人,父亲则是当地镇上有名的首席律师。

所以狄金森生长在一个思想保守,家教极严的家庭。狄金森从小就接受正统、严格的宗教教育,所以狄金森的童年生活,可以说是既单调又无趣。

狄金森的父亲是一个古板而又严肃的家长,狄金森没有受过高等教育,只是在家附近的一所女子阿莫斯特学校读过一年书,但是狄金森从小就显露出过人的聪明机智。父亲希望她将来可以有所成就,所以,就更加严厉地管教她,无论是衣食住行还是读书写字,他的父亲都要管。

一次,学校邀请狄金森参加校联谊会,狄金森开心极了,特意把自己打扮得漂漂亮亮的,可当她还没有走出家门,就被父亲叫住了:"你这是要去哪里?"

狄金森看到父亲,怯怯地说:"我去参加学校的联谊会。"

"参加聚会有什么用?有那时间不如多读些书!回房学习去!"父亲不容置疑的口吻让狄金森知道,今晚的宴会泡汤了。

她哭着跑回到房间,生气的不跟父亲说话。

狄金森的父亲走到女儿的房间跟她说:"读书会比你参加聚会更有意

义。"

从那以后,狄金森不再参加任何联欢会,也几乎不怎么出家门,也不像原先那样喜欢打扮自己了,而是学会用知识来装扮自己。她每天坐在家里,清晨起来读书,直至落日的余晖照在窗前,她才放下书本。

狄金森的父亲在镇上小有名声,所以家里时常来些有头有脸的人物。有的时候,狄金森的父亲就会让她出来见见客人,这使狄金森结识了很多有名望的人,这对她的思想创作也起到了一定的影响。

狄金森的父亲还常常给她买各种名著,让她阅读。起初,是父亲逼着她读,可是慢慢的,狄金森自己也对各种文学书籍产生了兴趣,有时甚至要求父亲多买些名著回来。

父亲的管教对狄金森以后的创作生活有着极深的影响。

狄金森在 20 岁的时候才开始写诗,但是,她并不给任何人看,更没有人知道她创作了诗歌,所以狄金森早期的诗歌大部分都已经散失。

狄金森很少跟人沟通,所以她选择将自己的喜怒哀乐都抒发在诗歌中,她默默的将诗歌写在日记本里,偶尔闲暇时刻,她还会翻出来阅读。

狄金森虽然很少跟外界接触,可她的生活并没有因此而失去激情,在她的诗歌中,狄金森尝试将自己变为各种角色,有时是医生,有时是新娘,有时还是个朝气蓬勃的大男孩。

在狄金森富于睿智的诗中,我们随处都可以看到她新奇的比喻。而狄金森描写大自然的诗篇在美国可谓是家喻户晓,常常被选入童蒙课本。她还特别喜欢用死去的身分说话,那痛苦与狂喜,死亡与永生,都是狄金森诗歌的重要主题。

自 1858 年起,年仅 28 岁的狄金森就开始闭门不出。

直到 1874 年,狄金森在父亲的不断劝说下,决定到波士顿旅行。而正在这时,父亲却突然去世了,狄金森为此悲痛不已。在家人为她父亲举行葬礼时,狄金森选择把自己关在房门中,以此来掩饰自己心如刀绞的心情。

从那以后,狄金森再也没有出门远行,这次波士顿之旅,成为了狄金森唯一的一次旅行。

祸不单行,在狄金森还没有走出父亲离去的阴影时,她的母亲又突患中风,瘫痪在床。频频遭受命运的打击,这使狄金森的精神变得脆弱不堪。

没几年中,狄金森的母亲和父亲都相续离世,狄金森濒临崩溃,面对这永久的分离,她感到痛不欲生。她孤独地坐在屋里,只得将她精神的痛苦寄托在诗中。

狄金森始终都未曾离开这所房子,她深深的依恋这里,因为这里面承载着太多她的美好回忆。即便在后来,狄金森因为经济窘迫而被迫卖掉这所故居,可是十五年后,通过狄金森拼命的写作,她还是买回了自己心爱的住房。

坐在屋内,狄金森能够感受到自己的父母像是从未离开一样,严厉的父亲似乎依然坐在她身边,但是父亲不再督促狄金森学习,而是陪伴着她不断创作。狄金森一生都住在这里,从出生至离去。在这间房子里,狄金森不但达到了她诗歌创作的顶峰,她还将哲学、拉丁文、植物学和地质学都研究得十分透彻。

后来,因为狄金森长年闭门不出,所以文学史上称狄金森为"阿默斯特的女尼"。

狄金森在有生之年并未获众人的青睐,周围人始终都对她有着不解与误会,可这丝毫无法淹没她高超的创作天分。

狄金森的诗歌在形式上富于独创性,大多使用 17 世纪英国宗教圣歌的传统格律形式,但与此同时又做了许多改变,如:诗句中出现许多短破折号,既可代替标点,又使正常的抑扬格音步节奏产生突兀的起伏跳动。

在狄金森孤独无助的一生中,她竟然写下了近 1800 多首诗。

当她过世后,她的妹妹在她那本小小的深棕色的日记本里发现了狄金森最新的 25 首诗作。可她的妹妹并不知道,这只是狄金森的冰山一角。后来,妹妹无意间发现了狄金森装有一千多首诗稿的箱子,这让妹妹惊讶至极。狄金森将自己一生的著作都深锁在这个小小的箱子中。

狄金森逝世后,她的亲友编选了她的遗诗,于 19 世纪末印出三集。

　　1890 年,狄金森的 115 首诗发表了,后来又出版了两部诗集和两部书信集。1914 年,狄金森更多的诗被整理出版,从而奠定了她作为女诗人在文学史上的地位。

　　1950 年,哈佛大学买下了狄金森诗歌的全部版权。

　　狄金森生前只发表过 10 首诗歌,一生可谓是默默无闻,而在她死后近 70 年的时候,她的才华才得到大家的认同,并开始得到文学界的关注。她比喻清新、诗风凝练的作品被现代派诗人追认为先驱。她与同一时代的惠特曼,一同被奉为美国最伟大的诗人。

　　她深锁在箱子里的诗篇是她留给我们世人最珍贵的礼物!

狄金森诗歌代表作

《夏之逃逸》

不知不觉地,有如忧伤,

夏日竟然消逝了,

如此地难以觉察,

简直不像是有意潜逃。

向晚的微光很早便开始,

沉淀出一片寂静,

不然便是消瘦的四野,

将下午深深幽禁。

黄昏比往日来得更早,

清晨的光彩已陌生——

一种拘礼而恼人的风度,

像即欲离开的客人。

就像如此,也不用翅膀,

也不劳小舟相送,

我们的夏日轻逸地逃去,

没入了美的境中。

爱美之心,人皆有之。而狄金森却放弃了每个女孩子的梦想,选择听从父亲的教导,将自己的全部精力都投入到书本之中。狄金森的童年是在父亲的严厉管束中度过的。严师出高徒,她的成就,离不开父亲的谆谆教导。正如那句话所说:父母是我们人生最好的老师。

她创作的精彩诗句,是对自己一生最大的肯定。虽然生前她的诗作并没有得到社会认同,可在她逝去多年后的一天,却被后人誉为传奇诗人。

知识链接

现代诗

现代诗也叫"白话诗",是诗歌的一种,与古典诗歌相对而言,一般不拘泥格式和韵律。现代诗的发现可以追溯到清末,当时,一些从西方引进的诗作已开始用白话进行翻译,但是这些作品量不是很大,所以鲜为人知。现代诗名称,开始于1953年纪弦创立"现代诗社"时确立。

现代诗形式自由,意涵丰富,意象经营重于修辞运用。与古诗相比,虽都为感于物而作,都是心灵的映现,但其完全突破了古诗"温柔敦厚,哀而不怨"的特点,更加强调自由开放和直率陈述与进行"可感与不可感之间"的沟通。

■ 吾将上下而求索

屈原(公元前 340—公元前 278),名平,字原。楚国著名诗人。

屈原是中国最伟大的浪漫主义诗人之一，也是中国文学史上第一个留下姓名的爱国诗人。他吸收了南方民歌的精华,创立了新体诗"楚辞",他在这种文体中融合了古代神话和传说。楚辞的出现,改变了原有的四字一句的古板格式,使中国的诗歌创作得以解放。

因为家庭贫困,屈原自小就生活在艰苦的环境中。屈原小时候就喜欢读书,但父母反对他读书,逼着屈原每天和他们一起下地种田。

一天早晨,屈原一如既往地帮父母种地。偶然抬头,他看见远处背着书包上学堂的伙伴,屈原羡慕不已,他想到那些同学可以在学堂跟着先生学习各种知识,而自己却只能在这里种地,心情就郁闷至极。他想读书,这个欲望越来越强烈。当屈原干完农活回家后,他鼓足了勇气跟父亲说:"我想读书！"

父亲一听屈原要上学,立马火了:"读书有什么用？"

屈原理直气壮:"将来可以报效国家！"

父亲头也不抬:"我说不许就不许！"

屈原感到很失望,就跑出了家门。

他跑到学堂,站在墙外,虽是一墙之隔却是不同天地。他听见伙伴们的朗朗读书声,又想起父亲反对自己读书,内心不禁更加忧伤。小小的屈原当时就下定决心:不能因为父亲不让我读书,我就不读。不让我去学堂,我就在家读!

从那以后,每当屈原帮父亲做完农活,就偷偷地到伙伴家去请教学习。不过没多久,这事就让父亲知道了,父亲为此大发雷霆,将他狠狠教训了一顿。即便如此,屈原有时候也会向同学借书,在家偷偷看上一会儿。

但这并不能满足屈原的读书欲望。一年冬天,屈原外出回来的路上,无意间发现了一个山洞。走进山洞一看,既没有人也没有动物,洞内十分寂静,虽然有些寒冷,却是一个难得的安静之处。屈原想,与其在家偷偷读书,不如到这里来,还没有人打扰。随后,屈原每天一有空,就偷偷拿着书籍来到洞内读。

一些玩伴发现屈原在山洞中读书,就好奇地问他:"读书在家不就行了,为什么要到这里?"

屈原说:"寒冷可以驱除我的困意,也可以锻炼我的意志力。"

玩伴问他:"这么冷的天气,你能在那待多久啊?"

"我会待到读完《诗经》为止。"

玩伴捂着嘴笑着说:"你就吹牛吧,这么冷的天,我看你能坚持多久!"

玩伴们打赌说,屈原肯定不会超过两天就会回家。可是,令他们万万没有想到的是,屈原真的在山洞里待到将《诗经》的 305 篇全部读熟为止。

在这期间,家人知道后都来劝说他,可是屈原决心已定,无论家人怎么劝说,他都不愿意放弃这个读书机会。

寒冬腊月,外面冰天雪地,洞里滴水成冰,屈原毅然决然地在这里度过了他三年的学习生活。在此期间,屈原吸收了丰富的知识营养,大幅提升了自己的阅读能力。父亲被屈原的毅力所动,也就不再反对屈原读书。

通过自己不断的坚持与努力,屈原创作了许多不朽的名篇,如《离骚》、《天问》、《九歌》等。屈原的诗歌作品以其深刻的内涵、奇特的比喻、丰富的想象力,成为中国文学的起源。

逐梦箴言

　　为学到知识,改变自己的人生,吾将上下而求索。本节故事中的屈原,通过自己的努力,最后赢得了长辈的称赞,使其文化水平不太高的父亲相信:一个人对知识的追求无法阻挡,任何艰难困苦都不能打消追求之心。成功离不开坚韧的毅志力,克服困难和障碍,人生才能勇往直前。屈原留给我们的并非只是文学遗产,更多的则是他坚韧不拔的精神。

知识链接

端午节

　　农历五月初五,端午节,又名端阳节、重午节。据传是中国古代伟大诗人、世界四大文化名人之一的屈原投汨罗江殉国的日子。

　　两千多年来,每年的农历五月初五就成了纪念屈原的传统节日。史料记载,公元前 278 年农历五月初五,楚国大夫、爱国诗人屈原听到秦军攻破楚国都城的消息后,悲愤交加,心如刀割,毅然写下绝笔《怀沙》,抱石投入汨罗江,以身殉国。沿江百姓纷纷引舟竞渡前去打捞,沿水招魂,并将粽子投入江中,以免鱼虾蚕食他的身体。这一习俗绵延至今,已有两千多年。

　　端午节一直是一个多民族的全民健身、防疫祛病、避瘟驱毒、祈求健康的民俗佳节。

● 智慧心语 ●

1.从此我不再仰脸看青天,不再低头看白水,只谨慎着我双双的脚步,我要一步一步踏在泥土上,打上深深的脚印。

——朱自清

2.如果你过分的珍爱自己的羽毛,不使它受一点损伤,那么你将失去两只翅膀,永远不能凌空飞翔。

——雪莱

3.麻木比悲痛更可怕,因为它是悲痛生长的土地上残留的花梗。

——狄更生

4.路漫漫其修远今,吾将上下而求索。

——屈原

5.要及时把握梦想,因为梦想一死,生命就如一只羽翼受创的小鸟,无法飞翔。

——兰斯顿·休斯

6.无论做什么事情,只要肯努力奋斗,是没有不成功的。

——牛顿

7.一个人必须经过一番刻苦奋斗,才会有所成就。

——安徒生

第七章

虚心竹有低头叶

行吟的天使

　　三人行,必有我师焉。也许从开始读书起,类似的古语就训诫我们无论何时都应该虚心学习。家中父母,学校老师,各方朋友,都各有所长,每个人都有值得我们学习的地方。即便已是成功人士,不妨也抱着学无止境的心态为人处世、洞明世事。陆游因其诗中一字,曾两次登门求教,陆游如此虚心学习,怎能不被世人尊敬?读过这些诗人的求教故事,我们不难发现,不满足是向上的天梯。谦虚为人,虚心做事,是我们人生的必修功课。

诗中"三苏"

苏洵(公元 1009—1066 年),苏轼的父亲。北宋文学家、诗人,被列为唐宋八大家之一。苏洵擅长散文,尤擅政论,议论明畅,笔势雄健,有《嘉祐集》传世。也著有《游嘉州龙岩》、《九日和韩魏公》、《有骥在野》、《颜书四十韵》等数百首诗歌作品。

《三字经》中"二十七,始发愤"的"苏老泉",便是指苏洵。苏洵发奋虽晚,但却非常刻苦用功。

苏洵年少时,并不十分喜欢读书,同龄伙伴都学业有成,唯独苏洵每天游手好闲,东奔西走。不更世事的他胸无大志,还常纠集一些狐朋狗友吃喝玩乐、游山玩水。家里人怕他惹事生非,就在 19 岁那年为他成了亲,一转眼,25 岁的苏洵已身为人父,但他依旧喜欢跋山涉水,走遍大江南北。

这年,他和朋友一起游览峨眉山,途中又听人说西北百里外的岷山景色更为壮丽,所以在他们在峨眉山玩够后,又前往岷山游历,可谓是大饱眼福。

苏洵这一游,半年时光匆匆而过。苏洵筋疲力尽回到家中后,倒头就睡。

苏洵妻子见丈夫如此虚度光阴,便唉声叹气起来。

苏洵见状就不解:"你嫁给我吃穿不愁,何以如此?"

妻子却有些忧伤:"我不指望你当多大的官,可是你这每一次都走上大半年,全然不顾家中妻儿,我又怎么能不伤心啊?"

苏洵自觉理亏，便默不作声。

妻子见时机已到，便继续劝导丈夫："我将所有的期望都寄托在孩子身上，每天教他们读书写字，可毕竟我精力有限啊！"妻子显得忧心忡忡。

苏洵闻听妻子诚恳之言，这才如梦方醒，意识到自己的散漫与玩世不恭。如果自己再这样下去不管孩子，那孩子将来肯定也没有什么出息了。

苏洵下定决心要认真教育孩子。可苏洵发现，儿子们朗读的诗词有很多他都不熟悉，儿子有一天问了个问题，他竟然答不上来。

苏洵为此羞愧苦恼，后悔不迭：当初要是好好读书，也不至于今天在孩子面前如此丢人现眼！

苏洵暗地里开始阅读一些文学书籍，可转念一想：自己都这把年纪了，还要同儿子一起读书，多难为情，竟然又把书抛到一边去了。

不久后，苏洵母亲病逝，哥哥从外地赶回家来为母亲守丧。一天，兄弟两人坐到一起聊天，哥哥说："三弟啊，我从没有像你那样观山览水过，你看过那么多的名山丽水，你不如用笔把那壮丽山河描绘出来，让我一饱眼福啊！"

苏洵一听，顿时瞠目结舌：是啊，他看过太多的美丽景色，可是他实在不知怎么才能用文笔描述那些景色。想到这里，苏洵连惭愧带焦急，一下子弄了个满头大汗。见此情景，哥哥心下明白，便不再为难苏洵，转移了话题："咱们苏家祖先本是有些来历的，可是时间久了，祖先也被淡忘了，我们只知道祖父与父亲的名字，其他都说不上来，三弟既然这么喜欢游走，要不你顺便去查查，看看能不能把咱苏家的族谱编排出来？"

苏洵一听：查家谱，还可以四处走走，一举两得，便一口答应了下来。

苏洵将自家亲戚都走了一遍，了解了很多关于先人的发奋为仕、勤奋为文的故事。听得越多，苏洵就越感到羞愧不已。在编撰家谱时，苏洵又一次深刻地感觉到自己心有余而力不足，下笔羞涩。为了不在哥哥面前丢尽颜面，他开始翻阅史书，找来参考条目，才艰难地将家谱的编撰慢慢进行下去。直到二哥"丁忧"期满，苏洵这才勉强将家谱撰修完毕。

家谱编修完成，苏洵也不得不承认，自己这些年虚度光阴，苏氏祖先都是光门耀祖的大智大贤之人,自己至今却连编修家谱都是勉为其难,可见自己胸无点墨,一无所有。他终于感悟到:再这样下去,就会成为苏氏后人的笑柄!

他做了个决定:即使人将而立,也要开始读书。

苏洵跟家人说:"虽然我已经27岁了,但是只要我努力,还是可以的!"

从此,苏洵发奋读书,闭门不出,每天晚睡早起,他立志要将心中所思、眼中所见形诸于文字。

他经过长达十年的苦读,学业终于大有长进,最后金榜高中。在他的精心教育下,其子苏轼、苏辙一时都成为北宋大才子。父子三人名震京城,人称"三苏",其中尤以苏轼更为知名。

苏轼(公元1037—1101年),字子瞻,又称大苏,自号东坡居士,世称"苏东坡"。眉州眉山(今属四川)人。祖籍栾城。北宋文学家、诗人、书画家,是豪放派词人的主要代表,又为唐宋八大家之一。他与欧阳修合称"欧苏",与辛弃疾合称"苏辛"。

苏轼在文学艺术方面堪称全才,其诗清新豪健,善用夸张比喻,在艺术表现方面独具风格;其词,豪放洒脱,对后代影响甚巨;其书法挥洒自如,擅长行书、楷书,喜欢自创新意,还与黄庭坚、米芾、蔡襄并称"宋四家";其画苍劲雄浑,栩栩如生。

受父亲影响,苏轼从小就喜爱读书,加上天资聪明,七八岁就开始吟诗作词。每次上学堂,老师所出的上句,苏轼都能够一一应答出来。苏轼之才常被老师和邻居们称赞感叹:"这孩子将来一定会有出息!"

少年苏轼在众人的追捧中,不禁骄傲自大起来。

一天,苏轼和同学比对对子,结果他又胜出,喜悦之情无以言表,遂来到自家门前,随手在门上写出一副对联:"识遍天下字,读尽人间书。"

对联中"尽""遍"相对,让苏轼越发觉得自己有才华,满意地对自己说:"不错!"

令他想不到的是,几天后苏轼家中突然来了一位两鬓斑白的老者。那老者见到苏轼后,立即起立:"门上的对联写得真好。"

苏轼一听,洋洋得意:"我一时兴起,便写了那副对联。"

老者笑笑说:"我这有本书,特意来请才子认认。"

苏轼看到老者带来了书,心里沾沾自喜:如此年纪,竟还来请教我!他漫不经心地翻开老者的书。结果,苏轼顿时目瞪口呆:书上的字词,苏轼一个都不认识。他惊愕地看着老人,老人一直含笑不语。

苏轼满脸通红:"对不起,我读不上来。"

老者笑笑说:"学无止境,那我就把这本书送给你吧!"说罢飘然离去。

苏轼看看手里的书,再看看自己写的那副对联,自感羞愧不已,他立即取笔在对联首上改道:发愤识遍天下字,立志读尽人间书。

乡邻看到苏轼此番改过的对联后,对苏轼更是刮目相看。

老者的那本书,让苏轼意识到自己的狂妄自大。从此以后,苏轼更加手不离卷地苦读。

苏轼读书越来越多,可是他总觉得自己懂的知识越来越少。他时刻谨记老者教诲,每日更加刻苦钻研。

皇天不负苦心人。经过几年寒窗苦读,苏轼在 21 岁那年,终于得到主考官欧阳修的赏识,并开始了他的仕途。

为官之后的苏轼依旧广泛阅读诗书,谦虚学习。然而苏轼一生仕途并不是很顺利,晚年更是一路坎坷,屡遭贬谪,始终未能充分施展他的政治才能。晚年,被贬至荒远的海南时,苏轼依旧保持乐观的生活态度。一路上,风霜雪雨,苏轼历经磨难,在这样的艰苦环境中,苏轼仍旧不断创作。在他的诗歌中,表现着他对人生的执著,诗中蕴含着他坚定、沉着、乐观、旷达的精神,逆境中的他照样保持着旺盛的创造力。

苏轼前期的作品可谓大气磅礴,豪放奔腾如洪水破堤一泻千里;后期的作品则空灵隽永、朴质清淡如深柳白梨花香远溢。他豁达而又婉约的诗歌风格,深受众人喜爱,传唱至今的诗歌已达上千首。

苏洵诗歌代表作

《异山送人》（节选）

少年喜奇迹，落拓鞍马间。

纵目视天下，爱此宇宙宽。

山川看不厌，浩然遂忘还。

岷峨最先见，晴光厌西川。

远望未及上，但爱青若鬟。

大雪冬没胫，夏秋多虺蚖。

乘春乃敢去，匍匐攀屏颠。

有路不容足，左右号鹿猿。

阴崖雪如石，迫暖成高澜。

经日到绝顶，目眩手足颤。

自恐不得下，抚膺忽长叹。

坐定聊四顾，风色非人寰。

仰面喙云霞，垂手抚百山。

临风弄襟袖，飘若风中仙。

逐梦箴言

　　苏洵、苏轼父子二人的读书经历可谓大相径庭：一个而立始读；一个是少年得志，幸遇高人终成大器。苏轼的成功在于他勤而好学，在老者的教导下，他明白天外有天，知识永远学不完。而他的父亲苏洵更值得后人学习，即使已过读书年龄，他依旧克服种种困难，奋起直追，最后不仅自己学有所成，连孩子也都在他的影响下有所成就。苏氏父子昭示我们：用心去做，理想会变成现实，成功会向你招手。

知识链接

豪放派诗人

　　豪放派，中国宋词风格流派之一。北宋诗文革新派作家如欧阳修、王安石、苏轼、苏辙都曾用"豪放"一词衡文评诗。第一个用"豪放"评词的是苏轼。据南宋俞文豹《吹剑续录》载："东坡在玉堂，有幕士善讴，因问：'我词比柳词何如？'对曰：'柳郎中词，只合十七八女孩儿执红牙拍板，唱杨柳岸晓风残月。学士词，须关西大汉，执铁板，唱大江东去。'公为之绝倒。"这则故事，表明两种不同词风的对比。南宋人已明确地把苏轼、辛弃疾作为豪放派的代表，以后遂相沿用。

我 的 未 来 不 是 梦

■ 深山求一字

陆游(公元 1125—1210 年),字务观,号放翁,越州山阴(今浙江绍兴)人。南宋诗人。他一生勤而好学,创作了大量诗歌,现存至今的诗歌有九千多首。他的诗歌内容丰富,抒发着自己的政治抱负,即使是抒写日常生活,其创作思路也非常新颖。

陆游生于战火硝烟的年代,时值宋朝腐败不振、屡遭金国(女真族)进犯,幼年的他跟着家人过着颠沛流离的生活。在社会和家庭的双重影响下,少年时代的陆游就有着很深的爱国情怀。直到步入中年,他还仍想着为国效力,最后毅然决定投身于军旅生活。

陆游从小好学不倦,饱读诗书,12 岁时他就能吟诗作词。25 岁跟随爱国诗人曾几学习,受导师影响,陆游更加明确了自己诗歌作品的爱国基调。

后来,他考中进士,虽名列前茅,却遭人暗算,只得屈居第二。陆游虽然入朝为官,但一生仕途坎坷不平,很不顺遂。不过,陆游的文学才华却被时人传为美谈,尤其其诗歌作品在当时无人不知,无人不晓。

陆游为官之前,在 20 岁时即和自己心爱的女子唐婉成亲。但后来他们被性情乖戾的母亲强行拆散,而唐婉又英年早逝,这使陆游很受打击,悲痛欲绝。为了抒发自己的悲愤,他创作了著名的诗词《钗头凤》,因而成为家喻户晓的大诗人。

陆游一生谦虚好学,诗歌创作不断进步。

有一年，已经步入中年的陆游，应召前往抗金前线南郑。途中，经过四川梁山（今重庆梁平蟠龙山）时陆游忽然听到山顶传来一阵劈劈啪啪的鞭炮声，随即是一阵敲锣打鼓的声音。陆游很好奇，就来到山顶一探究竟。原来，当地的官员和百姓们正在庆祝蟠龙桥竣工。

看到蟠龙桥宛如一条飞龙飞跨山涧之中，又像一条五彩缤纷的彩虹桥，景色壮观，陆游不禁连声称赞。当地官员见大诗人陆游在此，就取来笔墨，请陆游给蟠龙桥题写一副对联。

陆游思索片刻，便挥手在桥头石崖上写下："桥锁蟠龙，阴雨千缕翠；林栖鸣凤，晓日一片红。"众人看后都拍手称赞。

陆游走后，来了一对肖姓父女，女孩名叫肖英姑，出生在书香门第，受过良好教育，从小诗词歌赋、四书五经，无所不通。后因家中遭遇火灾，父女俩一贫如洗。父亲带着女儿来到蟠龙山，每日靠种地打柴为生。

肖英姑看到陆游的对联后说："不愧是大师之作，写得真好，只是一字用得不太妥当，让这副对联失掉了些气魄。"

此话不久后就传到陆游耳朵里，陆游不禁一惊，他思来想去，不知自己此联到底哪里出了问题，他四处打听这肖姓父女的住处。终于有一天，陆游听人说父女两人住在蟠龙洞，便马不停蹄地赶往山洞。

陆游在洞外连喊数声，却无人答应，他便走进了洞中。蟠龙洞中没有一人，陆游看见洞中石头上放着笔纸，便提笔在纸上写道："为龙意蟠，洞府未然，不留空下，重见英——求深何在，女才知返，姑怅去贤。"随后，陆游署上姓名，便回到住宿的驿馆。

肖姓父女砍柴归来，英姑看到陆游留下的既不成文也不成诗的文字，心中觉得纳闷，可再仔细一琢磨，原来陆游留下的是首七言诗："重返蟠龙为求贤，未见英姑意怅然，才女不知何处去，空留洞府在深山。"肖英姑看后钦佩不已，她没有想到陆游特意为自己那天无意之言而前来拜访。

回到驿馆的陆游一直在琢磨肖英姑的那句话，他反复斟酌，仔细想着自己用字哪有不妥之处，可是怎么也想不出答案。陆游因此一夜辗转反侧，不曾合眼。

天刚刚亮,陆游再也躺不住了,起身再次前往蟠龙洞。而肖姓父女看到陆游到来,惊喜不已,连忙招呼。陆游直言向肖姑娘请教:"听姑娘说,那天蟠龙桥的对联中有一字不妥,我思来想去,百思不得其解,今天特地来请教。"

肖英姑连忙说:"承蒙大人抬爱,我一个山野村女,实在不敢随便评论大人的作品。"

陆游态度恳切:"我确实不知到底哪里出了问题,希望姑娘能给指教。"

肖英姑看陆游态度如此诚挚就答道:"既然大人不嫌弃,我就说说我的想法,大人对下联中的'林栖鸣凤,晓日一片红'改为'一声红'您看怎么样?"

陆游听后,顿时恍然大悟,拍手连声称赞:"姑娘真是才女啊,你真是我的老师!"

陆游走出山洞后,立刻来到蟠龙桥,亲笔将对联中的"片"改为"声"。而那位肖姑娘,从此被陆游称为"一字师"。

陆游48岁时,毅然决定投身军中,并坚持创作六十年。

因其诗歌作品豪放风格和李白略有几分相似,故有"小李白"之称。

陆游诗歌代表作

《示儿》

死去元知万事空,

但悲不见九州同。

王师北定中原日,

家祭无忘告乃翁。

逐梦箴言

敏而好学,不耻下问。本节故事中的陆游,不仅是个伟大的诗人,也是个谦虚好学的大家。即使仅有一字之差,他也抱着学习提高的心态前往求教。在生活中,每个人都可能是我们的老师,所谓"三人行,必有我师焉"。

知识链接

陆游祠

陆游祠毗邻罨画池(今成都崇州市),为纪念曾任蜀州通判的爱国诗人陆游而建。占地面积约 4 亩,建筑面积 900 多平方米,是省级重点文物保护单位,也是除陆游家乡浙江绍兴外,全国仅有的纪念陆游的专祠。

陆游曾两次出任蜀州通判,在蜀州期间曾多次游览州中山川名胜,写下 100 多首寄怀蜀州的诗词,抒发他一腔忧国忧民的赤子情怀。

整个陆游祠为仿清建筑,含大门、长廊、过厅、序馆、两庑、正殿等,主体陈设突出"梅"的主题。过厅以"梅馨千代"命名。序馆为"香如故堂",陈列陆游生平简介,陆游遗像玉石碑、陆游手迹碑。堂后辟梅园,广植陆游喜爱的梅花。正殿为"放翁堂",塑陆游坐像。两庑陈列陆游诗文各种版本及诗意画。正殿之南新增了文物陈列厅,专供陈列崇州的历史文物。

在城外的崇州境西北之隅的凤栖山(崇州市街子镇),有个与陆游祠遥相呼应的梅花寨,被称为放翁遗爱圣地。陆游任蜀州通判登临古寺时曾从这崖上山。山道断桥边的梅花在黄昏风雨中寂寞开放而芳香不改的美景,为他后来写《卜算子·咏梅》获取了创作灵感。有专家考证,"驿外断桥边"意境的原型,就在今梅花寨旁。寨区梅花近千亩,花开时节,呈现"十里梅花香雪海,千树万枝浮暗香"之美景。

我的未来不是梦

■ 女诗人的半生逆境

普希金是俄罗斯诗歌的太阳,那么谁是月亮呢? 月亮便是美丽的阿赫玛托娃。

阿赫玛托娃,20 世纪俄国最负盛名的女诗人之一。她是一个才貌双全的女子,其诗歌赢得了无数俄国读者的喜爱,是俄罗斯文学史上"白银时代"最受欢迎的诗人。

阿赫玛托娃·安娜·安德烈耶夫娜,1889 年出生在一个海军工程师的家庭。父亲在她出生时就已退役。她很小时就被送到北方,与保姆一起生活了 16 年。

她童年生活的地方叫关黄村,是个四季如春的美丽地方。阿赫玛托娃虽然幼年没在父母身边长大,但她却享受到了无比幸福的童年时光:在绿油油的草地上奔跑,跟着保姆到牧场骑各式各样的小马,到海边呐喊……这些美好的记忆,始终伴随着阿赫玛托娃,直到她最后将这一切写进自己的诗歌中。

阿赫玛托在她五岁的时候开始接受教育,她曾经执意去听一个女教师给一些稍大孩子们讲的课。在此期间,她竟然学会了说法语。

她对文学的兴趣,是在学习列夫托尔斯泰的作品中产生的。为了不让自己错过任何一个精彩的部分,阿赫玛托娃就一个字一个字地细细阅读,随着阅读加深,理解愈多,她对泰戈尔的书籍更是爱不释手。

阿赫玛托娃 11 岁时,即创作出第一首诗。当她看到诗人杰尔查文的诗歌《在皇室少年生日那天》时,被深深吸引,由此萌发了写诗的念头。

阿赫玛托娃进入学校后,只喜欢阅读诗歌,所以她的学习成绩差,父母为此常常训斥她,并监督她学习。不久后,聪明的阿赫玛托娃成绩开始突飞猛进,并且名列前茅。可是她内心始终沉迷于诗歌当中。

后来,阿赫玛托娃父母离婚,她跟着妈妈来到南方。新的环境让阿赫玛托娃很不适应,她常常怀念在黄村的生活,为了打发自己寂寞无聊的生活,她提笔写下了一些怀念黄村的诗歌。

进入大学后,阿赫玛托娃学习的是法律,可是她对此一点兴趣也没有,她记不下任何一条法律条文,可却能写出一首首唯美的诗歌。

1912年,23岁的阿赫玛托娃终于如愿以偿,将自己积攒多年的诗歌汇集成册出版。第一部诗集《黄昏》只印刷了300册,诗集一经发行便赢得了众多评论家的好评,诗集被一抢而空,引发不小的轰动。

阿赫玛托娃因此受到鼓舞,开始疯狂创作。两年后便出版了她的第二部诗集,而这部诗集将阿赫玛托娃推上了俄罗斯诗坛顶峰,同时也奠定了她在二十世纪俄语诗坛上的重要地位。

阿赫玛托娃凭借自己的勤奋和对诗歌的热爱,创作灵感源源不断。接下来的两年,阿赫玛托娃以惊人的速度创作出了更多精华的作品,她成为了一颗闪耀的诗人明星。

俄国革命后不久,苏维埃当局批评阿赫玛托娃的作品题材专以狭隘的爱情和上帝为主题,是没有内涵的创作。虽然批评苛刻,但这并没有影响阿赫玛托娃的创作。

1923年,阿赫玛托娃的丈夫以反革命阴谋罪名被处死,此事改变了她后半生的命运。阿赫玛托娃和孩子都受到牵连,儿子无故被捕,这对身为母亲的阿赫玛托娃是更大的伤害。她四处奔波,来为儿子寻找生机。在此期间,阿赫玛托娃在俄国文坛上沉寂下来。随后,她的儿子第二次被捕,这次被关押的时间更长,这使阿赫玛托娃彻底绝望了。

思子心切的阿赫玛托娃每日以泪洗面,苦闷的她只能用笔写下自己的思子之痛。她的孤独与无助使她创作出了这一时代的重要作品《安魂曲》。

出于当时政治环境所迫,阿赫玛托娃不敢留下白纸黑字,她就把创作手稿烧毁,再找到朋友把写完的一段诗歌念给朋友听,最后再完全靠朋友的记忆拼凑而成。

后来,这首诗流传到民间,一时间被很多人传诵。从而,阿赫玛托娃又再次走进文坛,可是这次阿赫玛托娃并不走运,她遭到了公然抨击。一名批判家说:"阿赫玛托娃是与我国人民背道而驰的、内容空洞、缺乏思想性的典型代表。她的诗歌充满悲观情绪和颓废心理,表现出过时的沙龙诗歌风格,停留在资产阶级,贵族阶级唯美主义和颓废主义以及'为艺术而艺术'这一理论的立场上,她不愿与本国人民步调一致,对我国的青年教育事业造成危害,因而不能为苏联文学界所容忍。"

阿赫玛托娃最终被苏联作家协会开除,从此禁止报刊刊登其作品。

阿赫玛托娃没有了收入,生活陷于极度贫困。好在阿赫玛托娃懂得多国语言,所以最后谋得了一份翻译诗歌的工作,以此维持生活。

儿子在十几年后被释放。阿赫玛托娃为此兴奋地给《安魂曲》写下非常精短的《代序》,以表达自己的心情。

在被文坛封杀期间,虽然阿赫玛托娃创作的作品不予发表,可是她并没有因此而停止创作。五十年代后期,艾赫马托娃才被恢复名誉,晚年她发表的诗歌《没有主角的长诗》,是阿赫瓦托娃在自己处境最糟糕时积累创作而成。她用了自己长达 22 年的光阴来抒写这首长诗,这首长诗也被公认为 20 世纪最伟大的诗作之一。

1964 年,阿赫玛托娃获得意大利国际诗歌奖。

1966 年 3 月 5 日清晨,77 岁的阿赫玛托娃因病告别人世。阿赫玛托娃的人生荣辱参半,她用自己勇敢、坚韧的精神战胜了命运的挫折。

临终前她曾说过:"我没有停止诗歌的写作。诗歌的写作对于我来说,就是我与时间,与我的人民新生活的联系。当我写下它们,我就活在了那韵律中,这旋律就喧响在我的国家的英勇历史之中。我是幸福的,因为我生活在这个时代,并且目睹了那些发生着的史无前例的事件。"

晚年的阿赫玛托娃成为了俄罗斯诗人圈里颇具影响力的人物,被称为"普希金文学遗产的继承者"和"俄罗斯的莎孚"。她打破了 20 世纪俄国男性作家主宰文坛的现状,替女性诗人及作家打开一扇通往文学世界的窗口。阿赫玛托娃逝世后,获得了全球性的声誉。1989 年,阿赫玛托娃诞生一百周年纪念日,联合国教科文组织把这一年定为"阿赫玛托娃年",以纪念这位"把人带进一个美好世界"的"诗歌语言的光辉大师"。

阿赫玛托娃诗歌代表作

《安魂曲》(节选)

你被带走正是黎明时分,
我跟在你的身后,像送殡一样。
小儿女在狭窄的房内啼哭,
神龛前是一支滴泪的烛光。
圣像在你双唇上留下一丝凉意,
临终的冷汗在你的额角上流淌……
不能忘啊不能忘! ——
我要像弓箭手的妻子那样,
哭倒在克里姆林塔楼之旁。

逐梦箴言

人生最可怕的敌人就是当你身处逆境时自暴自弃,愤怨沉沦。本节故事中的阿赫玛托娃始终抱着坚定不移的信念,最后赢得了属于她自己的一片天地。

知识链接

白银时代

白银时代(17 年–130 年)屋大维死后的一百年间,史称罗马文学的"白银时代"。这一时期罗马在政治上不断衰弱,内部矛盾日趋激烈,其文学发展的特点是宫廷趣味日趋浓厚,崇尚文风的花哨和滥用修辞,使得文体显得逼挤、臃肿。这一特点在 2 世纪前半叶达到高潮。贵族青年以公开朗诵空洞无物的诗歌为时髦,文学更成为少数人的消遣。白银时代成就最高的文学样式是反映奴隶主下层思想的讽刺文学和反映旧共和派不满情绪的作品。

141

● 智慧心语 ●

1. 白马渡□水, 红旗照蜀山。归来未解带, 故旧已满门。

——苏洵

2. 大江东去, 浪淘尽、千古风流人物

——苏轼

3. 睡觉寒灯里, 漏声断、月斜窗纸。自许封侯在万里。有谁知? 鬓虽残, 心未死。

——陆游

4. 我们时钟的手臂指向这勇敢的时刻, 我们的勇敢绝不会摧眉折腰。

——阿赫玛托娃

5. 人不可有傲气, 但不可无傲骨。

——徐悲鸿

6. 不要为成功而努力, 要为做一个有价值的人而努力。

——爱因斯坦

7. 读过一本好书, 像交了一个益友。

——臧克家

第八章

天生我材必有用

◦导读◦

　　爱默生说：自信是成功的第一秘诀。信心，会在潜意识中引导自己，给自己以更大的希望。而对于诗人来说，没有读者，可能是对诗人人生最大的否定。当我们阅读这些诗人的经历后，我们会更加懂得：信心，是人生实现理想的路途上必不可少的路灯。

　　一个拥有充分自信的人，人生一直都会乐观积极，他与成功自然就更近一步；可一个消极懈怠之人，他只会距离成功越来越远。

■ 草叶的奇迹

沃尔特·惠特曼(Walt Whitman),是美国著名民主主义诗人、散文家、新闻工作者及人文主义者。他创造了诗歌的自由体,具有"自由诗之父"的美誉,其代表作诗集《草叶集》在美国诗坛占有一席之地。

惠特曼 1819 年出生于纽约州长岛一个农民家庭。四岁时,因父亲投资失败而导致全家居无定所,生活贫困。

惠特曼的童年毫无快乐可言,只读过 6 年书。11 岁时,因家中实在无力承担他的学费,他被迫辍学。在 9 个兄弟姐妹中,惠特曼排行第二,懂事的惠特曼为了减轻父母的负担,便主动跟父母提出外出工作。他来到一家印刷厂做了学徒,为家里多挣了一份工资。

离开学校的惠特曼并没有从此放弃学习,在印刷厂学徒期间,他借机阅读了大量文学著作,他尤其喜欢霍默、但丁和莎士比亚的作品。

可以说,惠特曼后来的成就基本上都是靠自学而成。

因为在印刷厂工作,惠特曼接触到的书籍种类繁多,他也因此深深地迷恋上了诗歌。

有一次,惠特曼因为阅读刚刚印刷出来的书籍太过痴迷而忘记了工作,结果被师傅狠狠骂了一通。但是,惠特曼并没有因此而放弃手中的书籍,此后只要一有时间,他就阅读这些书籍,有的使他爱不释手。

两年后,因为举家搬迁,惠特曼开始不断更换工作。惠特曼曾做过勤杂工、学徒、排字工人、乡村小学教师等工作。这些经历,丰富了他的人生阅历，为他日后的诗歌创作积累了多种多样的生活素材。

无论白天的工作多累多辛苦，晚上回家后的惠特曼都会忘记疲倦，静心写作。

惠特曼在学校执教期间，曾试图在家乡办一份报纸，但最终他失败了。可是惠特曼并没有因此而心灰意冷，他依旧夜以继日进行创作。即使他的诗歌一次次被枪毙，但惠特曼的奋斗之笔从未停歇。

22岁时，惠特曼终于有机会进入一家报纸做记者。惠特曼开始在一些主流杂志担任自由撰稿人，间或发表政治演讲。惠特曼独特的政治演讲很快引起了一些社会名流的注意，随后他们邀请他担任了几家报纸的编辑工作。但惠特曼并没有做多久，因为当时民主党内部发生了分裂，而支持自由国土党的惠特曼自然被排挤在外。

直到1855年7月，已经36岁的惠特曼才自费出版了自己人生的第一本诗集。这本诗集只有95页，只包含了十二首诗歌，惠特曼只印了1000册。当诗集出版后，惠特曼满怀激动地拿回几本样书给兄弟和父母看。

弟弟乔治看到惠特曼递过来的书："这是什么？"

惠特曼非常兴奋："我写的诗啊！"

乔治惊讶地看着惠特曼："你竟然还会写诗？"乔治漫不经心地翻了翻，就放到一边："这没什么可看的！"

听到这话，惠特曼惊愣半晌。

随后，他又把诗集给母亲看："这是我写的诗。"

母亲看着惠特曼递过来的书，绿色的封面，封底上画了几株嫩草和几朵小花。最后，母亲也只是"哦"了一声，她放到了一旁，不再说什么。

家人冷淡的反应，让惠特曼颇受打击。当他想从父亲那里寻找到一点安慰时，父亲却恰巧中风导致瘫痪，随后不久即去世。

惠特曼不相信自己的诗集真就会没有一个知音，他就决定拿出去卖。可结果一本也没有卖出去。

无奈，惠特曼只得把书送人，可也都遭到了拒绝。有人甚至将惠特曼的诗集直接投入火盆。

这让惠特曼伤心许久。

不仅如此，社会上对他的诗歌更是一片铺天盖地的嘲笑与谩骂，有人甚至说惠特曼是个疯子，还讥笑他自大、庸俗，这句句像尖刀似的话语，深深地刺痛着惠特曼的心。

但深爱诗歌创作的惠特曼并不想就此罢休，他默默地在家里继续原本的生活：白天工作，晚上创作。

他下定决心要向世人证明，他可以写好诗歌！

正在他情绪低落的时候，惠特曼接到了美国著名诗人爱默生给他写的一封肯定信：

亲爱的先生，对于才华横溢的诗集，我认为它是美国至今所能贡献的最了不起的聪明才智的菁华。我在读它的时候，感到十分愉快。它是奇妙的、有着无法形容的魔力、有可怕的眼睛和水牛的精神，我为您的自由和勇敢的思想而高兴……我揉揉眼睛，想看看这道阳光是不是幻觉，直到昨天晚上，我在一家报纸上看见本书的广告时，我才相信真有此书。我很想会见使我受到教益的人，并想定下一个任务，去向您致敬……

惠特曼读完这封信，脸颊已淌满泪水。这是他的第一个读者，也是唯一一个肯定他的人！

这让惠特曼信心大增，更加坚信自己的诗歌写作，哪怕没有一个人认同我写的诗，我也不会就此放弃！

1855 年，惠特曼最具有代表性的作品《草叶集》第一版问世，其中收录了他 12 首诗歌，直到最后第九版发行后，总共收录了 383 首诗。这部诗集的内容几乎包括了惠特曼毕生的思想，诗中他多次提到了草叶，草叶象征着一切平凡、普通的东西和平凡的普通人。

当《草叶集》第七版再度畅销时，惠特曼的诗歌创作达到了高峰，不断上升的知名度，让他在纽约买到了人生的第一间房子，而此时他已经步入中年。

1873 年，惠特曼身患瘫痪症，可乐观的惠特曼没有因此而失去对生活的热爱,他的民主理想至死不衰。

直到 1892 年,惠特曼病入膏肓,他的写作却仍在继续,而《草叶集》的第九版也成了惠特曼诗集的临终版。

这一年的 3 月 26 日,伟大诗人惠特曼逝世,他被安葬在哈利公墓他自己设计的墓碑下面。

逐梦箴言

惠特曼曾说:当我活着时,我要做生命的主宰,而不做它的奴隶!正如惠特曼所说,他主宰了自己的人生。他是坚强的,在自己的诗歌被亲人否定的时候,他没有放弃。他也是伟大的,即使在被全天下人唾弃的时候,他也仍旧没有绝望!他相信自己,相信命运。惠特曼最后取得了伟大成就,其原因不仅仅在于他拥有诗歌创作的天赋,更多的则是因为他拥有勤奋与坚持。

知识链接

自由体诗

自由体诗起源于欧洲 19 世纪末 20 世纪初,美国诗人惠特曼是欧美自由诗的创始人,他创造了一种新型诗体,即不受格律、韵脚的限制和束缚,人思想和语言自由自在的发挥。诗作《草叶集》奠定了美国诗歌的基础,并对美国及其他国家的诗歌艺术产生了相当大的影响。

■ "诗怪"之路

李金发是广东梅县人,1900 年 11 月 21 日出生于一个富商家庭。其家族世代做生意,李金发的两个兄弟也都相继子承父业,唯有李金发对经商毫无兴趣。

李金发原名李淑良,笔名金发,后在法国患病时改名为李金发。李金发生长在一个思想传统、教育守旧的侨乡,父母也是具有传统思想的人。因为李家世代没有读书人,所以李金发的父母很想家里出个学者,为李家光宗耀祖,而李金发恰好成为了实现这个家族理想的重点培养对象。

李金发小时候就已读过四书五经,六岁时进入家乡私塾。在私塾里,李金发学会了作对子,直到李金发 15 岁念中学,课堂上还依旧在讲古文。因此,李金发在少年时代读了很多古文书籍。可是李金发此时更感兴趣的是课外书,曾经偷偷阅读了很多名著。

18 岁时,李金发到香港专攻英语,想在那里一展宏图,可最终因为自己接受的教育程度过低,无奈返回家乡。李金发不由得灰心丧气:难道自己这一生就得注定留在家中经商吗?

1919 年,李金发接到了中学同学的一封信,同学正在上海复旦大学读书,信中表示,李石曾、吴稚晖、蔡元培等人正在征集一起到法国"勤工俭学"者,没有任何学历要求,只要付 100 大洋船费,就可以留在法国半工半读。李金发得知此消息后,兴奋不已,立即托家人借来钱,启程去上海找同学。

李金发斗志昂扬地来到法国,而从小享受公子哥待遇的李金发,对这个新环境很不适应,语言不通,衣食住行更是与当地格格不入。虽然李金发在出发前早有心理准备,可是当面对这对一切时,他才发现自己思想的过于简单。

李金发被分配到法国枫丹白露中学读法文,所有人都在一个班级里听课,无论你受过高等教育还是启蒙教育,总之大家都坐在一起,听一位老师讲课。

老师面对不同程度的学生也很苦恼,应付不了众多学生,最后无奈只得让所有人自学。好在李金发天生聪颖,接受新事物快,领悟能力较强,通过自己的努力,终于将法文一举拿下。在苦学法语的同时,李金发也对法国象征派诗歌产生了极大兴趣,他爱上了著名诗人波德莱尔的诗篇。每天废寝忘食地阅读这些诗歌,一边苦学法语,以便解决自己的阅读障碍。在欣赏诗歌之余,自己也提笔尝试创作出一两首小诗。

起初,李金发作品的手稿多是半法语、半汉语,正如他的诗风中法结合一样。

21岁时,他所创作的诗歌就足够汇集成一本诗集了,他的第一部诗集《微雨》就在这时诞生。此时,他正在巴黎学习雕塑,诗集创作完全通过业余时间来完成。诗集出版后,李金发的诗歌创作便一发不可收。巴黎期间,是李金发创作的疯狂时期。他利用闲暇时间创作了大量诗歌。仅仅在三个月后,他就出版了第二本诗集,六个月后,又出版了第三本诗集。

在国外,李金发曾将自己的诗集寄给过鲁迅。他以一名青年学者的虚心态度请教鲁迅先生。鲁迅看到李金发的作品后,感觉他是一个具有潜能的诗人,其诗歌有独特之处,更有可取之处。鲁迅在给李金发回信中表示,很看好他的作品,希望他多多创作,再接再厉。

两年后,李金发回国,他的诗歌开始在重要杂志上刊登。这些诗歌一经发表,立刻轰动了整个诗坛。

有人指责李金发的诗句阴阳怪气,缺少诗歌韵味,更有人质问李金发:"你这哪里算是诗?"

　　李金发坦然地对读不懂他诗的人说:"我满不在乎，只认为他们浅薄而已。每一个时代凡创始之事业,必有人反对或讥讽,到头来必得大名于天下。"

　　李金发对舆论完全不在乎,在众人白眼的环境中,他始终相信自己所创作的"怪诗"终有一天会得到大家的认可。

　　在大家对他进行语言攻击的这段时间,李金发选择在书籍中寻找慰藉。他广泛读书,将歌德、海涅、雨果等人的作品通读了一遍,他试图在这些名家的字里行间寻找突破,更寻找信心。

　　李金发那种诡异的新诗体在不久后为中国文坛开辟了一条新道路,他成为中国第一位象征主义诗人。

　　他在代表作《弃妇》中写道:

　　"如残叶溅血在我们脚上,生命便是死神唇边的笑。"这种怪异、歌颂死亡的诗篇也只有李金发能够创作出来,所以世人称他为"诗怪"。

　　鲁迅、宗白华称赞李金发为"东方的鲍特莱",钟敬文认为李金发是"魏尔仑的徒弟"。

　　李金发不仅被誉为我国象征主义的第一人,也被称为我国雕塑界的泰斗。

李金发诗歌代表作

《弃妇》(节选)

长发披遍我两眼之前,

遂割断了一切羞恶之疾视,

与鲜血之急流,枯骨之沉睡。

黑夜与蚊虫联步徐来,

越此短墙之角,

狂呼在我清白之耳后,

如荒野狂风怒号:

战栗了无数游牧

靠一根草儿，与上帝之灵往返在空谷里。

我的哀戚惟游蜂之脑能深印着；

或与山泉长泻在悬崖，

然后随红叶而俱去。

逐梦箴言

　　有压力才会有动力，有否定才有肯定。本节故事中的李金发，在众人的蔑视批评和冷嘲热讽中渐渐发出自己的声音。他的自信、坚强、坚持，是他成功的法宝。人生在世应有所求，但此时周围也难免会有异样的声音、异样的目光，但我们一旦看准目标，就应该坚信自己，坚持自己的原则勇敢地走下去。

　　走自己的路，让别人说去吧！

知识链接

象征主义

　　象征主义，是19世纪末始于文学，以后影响到戏剧、绘画、哲学等领域的一种文艺思想。文学中象征派有宣言、有理论，美术中的象征主义不过是一种艺术倾向而已。象征主义艺术家反对写实主义和印象主义对自然的客观摹写，强调主观精神的表现。他们认为人的内心世界是不明确的、难以把握的，只能通过象征的手法，用寓意和象征性的然而又是具体可感的形象，来隐喻主题和情感，暗示微妙和神秘的内心世界，通过形象来寻找在外事物与内心世界的对应关系，带有神秘主义的色彩。象征主义反映了当时一种不正视现实，向神秘的精神世界寻求灵感和启迪的思想倾向。

从"麻脸诗人"到"雨巷诗人"

戴望舒,1905年3月5日出生在浙江杭县(今杭州市余杭区),中国现代派象征主义诗人。原名戴朝安,又名戴梦鸥,笔名戴望舒、艾昂甫、江恩。他被世人称为"雨巷诗人",笔名戴望舒取自《离骚》中:"前望舒使先驱兮,后飞廉使奔属 。"望舒是指中国古代神话传说中替月亮驾车的温文尔雅的天神。

戴望舒的父亲是北戴河火车站的一名普通职员,母亲则是个读书人,她温柔贤淑,文学修养极高。戴望舒从小受母亲影响,儿时常常听母亲讲述四大名著和《封神演义》《宝莲灯》等古典文学著作,有时父亲还给他吟唱家乡戏文、说歇后语等,促使戴望舒在幼年时代就萌发对文学创作的兴趣。

戴望舒在少年时期曾不幸感染天花,毁坏了他原本俊朗的面容,变得满脸麻子。后来他写诗,还一度被称为"麻脸诗人"。

因为这一点,少年时代的戴望舒常常被伙伴们讥讽和嘲笑,而他总是默默地忍受着。那时他就立志于文学事业,他想证明自己就是自己,满脸是麻子并不能阻碍人生。

1923年,戴望舒被上海大学文学系录取,两年后,转到复旦大学学习法语。在校期间,他阅读了大量诗歌,并开始尝试写作,先后发表了多篇诗歌,但是始终反响不大,他也因此一直默默无闻。

1927年,戴望舒完成诗歌《雨巷》的创作。但当时他并没有投给各大报刊,而是保留在自己手里。直到 1929 年 4 月,他的第一本诗集问世后,这首《雨巷》才赢得大家的好评,成为众人传诵的佳作。在《雨巷》中,他的诗给人以朦胧美的感觉,使读者难以忘怀,所以这首诗也一直被大家称为诗戴望舒的代表作。

著名作家叶圣陶赞赏他说:"戴望舒替新诗开创了一个新纪元。"戴望舒由此诗闻名,也由此诗赢得了一个新的称呼——"雨巷诗人"。

戴望舒一生的感情道路可谓是坎坷连连,他早年寄住在作家施蛰存家,与施家人每天同进同出,在同施蛰存的妹妹施绛年见过几次面后,虽然没有深入交流,但是戴望舒却深深爱上了这个 18 岁的姑娘。为了表达自己的情感,戴望舒就常常给施绛年写情诗,可诗中情意绵绵的诗词并没有打动施绛年,而戴望舒的才华也没有吸引她。

两人的性格截然相反,戴望舒性格忧虑、沉闷,而施绛年却是个朝气蓬勃、活泼开朗的女孩。再加上戴望舒相貌并非俊朗,所以,施绛年始终不予回应。戴望舒对施绛年一往情深,对她穷追不舍,每天借诗表白,但施绛年就是不同意,就连哥哥的劝说也不管用。最后,戴望舒情急之下,以死来证明他对施绛年的情感,施绛年被戴望舒的情深意重所感动,便同意与他相处。戴望舒欣喜若狂,立即致信给杭州父母,让他们来到上海向施家提亲。

1931 年,两人举办了订婚仪式,但是没有立即举办正式婚礼。因为施绛年希望戴望舒能够出国留学,学业有成回国后,有个稳定的工作,两人再成婚。

这时的戴望舒正处于事业低谷,他太爱这个女孩,为了给她一个理想生活,他义无反顾地踏上了出国之路。

这年 11 月,戴望舒乘坐游船前往法国留学。在法国里昂中法大学就读,戴望舒在法国度过了他人生中最煎熬、最无助的时光,因为留学资金不够,他就凭借自己一技之长找到了译稿工作来维持生活。可是根本不解决问题,最后迫于无奈,戴望舒向学校申请接济。最后,身无分文的戴望舒实在无法维持生活,经过深思熟虑,他致电父亲讲述了自己的境况,并告知想要回国。父亲急忙写信把此消息告诉了施蛰存,施蛰存随即致电戴望舒,告诉他此次机会难得,希望他不要着急做决定。随后,施蛰存给戴望舒寄去一些生活费,以解燃眉之急。

戴望舒在法国过着饥寒交迫的学习生活,他很少去上课,但是他却非常喜欢阅读课外书,在兼职做译稿工作期间,戴望舒翻译了大量的外国诗人著作,这对他以后的创作影响颇深。

戴望舒每天在法国对施绛年朝思暮想,同时也为她写了不少诗歌,其中一首诗名为《我的恋人》:

"我将对你说我的恋人,我的恋人是一个羞涩的人,她是羞涩的,有着桃色的脸,桃色的嘴唇,和一颗天青色的心。"

此诗不仅表达了戴望舒对施绛年的喜爱,更描绘出了施绛年令戴望舒为之着迷的青春相貌。

不久,戴望舒听到施绛年移情别恋的传闻。但戴望舒选择相信眼见为实,便把传闻当做耳边风一吹而过。

在此期间,戴望舒专心创作诗集,出版了诗集《望舒草》。

1935 年 4 月,戴望舒因参加西班牙群众反法西斯示威游行,最后被学校开除。临走前,戴望舒把这个消息告诉了好朋友罗大岗,直到他最后上车,全程也只有罗大岗一人为他送行。

学校只给了他一张回国的船票,其他同学都是四等船票,唯有他是三等船票。三等船票是最低档票,在归国的一个月中,戴望舒始终在阴暗潮湿且没有被褥的船舱内休息。晚上睡觉,他只得蜷着身子入睡。

一个月后,戴望舒回到上海,马不停蹄地赶去见施绛年。但他得到的却是流言的认证。戴望舒回想自己这三年来所受之苦,悲愤不已,第二天便登报解除了婚约。这长达八年的马拉松之恋,最终在一瞬间灰飞烟灭。即使如此,戴望舒依旧深爱着施绛年,这使他悲痛得无法自拔。

无奈之下的戴望舒,只得将自己所有精力都转到诗歌创作上,以此忘掉情感上给他带来的巨大创伤,释放自己惆怅、郁闷的心情。

戴望舒此时只身住在一间公寓里,事业悄然无声,感情又已破裂,戴望舒每天都沉浸在悲痛之中。

戴望舒与朋友穆时英一家离得很近。穆时英见戴望舒被失恋折磨得憔悴不堪,又看他是难得一个痴情男子,便主动找到戴望舒将自己的妹妹穆丽娟介绍给他。穆丽娟比戴望舒小 12 岁,长相甜美秀丽。穆丽娟对戴望舒十分仰慕,把戴望舒照顾得无微不至,戴望舒渐渐被这个温文尔雅的女子所吸引。

一年后的 1936 年,两人结为夫妻。

戴望舒的文学事业终于在他结婚后略有起色。

同年十月,戴望舒与卞之琳、孙大雨、梁宗岱、冯至等人一切创办了《新诗》月刊。

抗日战争爆发后,戴望舒带着全家转至香港居住,创办了杂志《耕耘》。

虽然此时事业稍有成就,可是他与妻子的感情却很快就出现了裂痕。俩人因为意见不合,常常因为一些琐碎小事而吵得不可开交。穆丽娟曾表示,戴望舒对她没有感情,而是将所有的感情都给了施绛年!

1940 年,穆丽娟回到上海后决定同戴望舒离婚,听到这一消息,戴望舒立刻写信拒绝,表明自己不会做这种伤害自己女儿的事情。他说你非要解决这件事情的话,那我只有一死了之,这样所有的问题都解决了。可是戴望舒真挚的情感并没动摇穆丽娟离婚的决心,无奈,戴望舒只得在离婚协议上签字,带着女儿独自生活。

1941 年底,命运多舛的戴望舒被日本侵略军逮捕下狱。狱中,他慷慨激昂地抒写了诗歌《狱中题壁》,表达了自己愿意为民族解放而献身的勇气。

出狱后,他与同在图书印务局工作的杨静相识相恋。不久后,戴望舒同小自己 21 岁的杨静结婚。杨静从小在香港长大,受父母娇宠,结婚时她才 16 岁,两人无论是在性格还是年龄上都有很大的差距。婚后第六年,杨静同另一个青年相爱,并向戴望舒提出离婚。戴望舒做了种种努力,无济于事,俩人便各带一个女儿分道扬镳。

婚姻接连失败,让戴望舒对爱情彻底失去了信心。但他并没有因此而颓废,他决定换个新环境重新开始。这时,卞之琳刚好从英国回国,两人便商议好结伴前往北京。

当戴望舒香港的朋友听说他要离开时,都纷纷挽留他,而戴望舒坚决地对朋友说:"我不想再在香港待下去了,我一定要到北方去。我就是死也要死得光荣一点。"

到北京后,戴望舒被安排在国家新闻出版总署国际新闻局负责法文科工作,戴望舒对这个工作很满意,而且尽心尽责地去做。戴望舒精通法语、西班牙语和俄语等欧洲语言,他也是首个将西班牙诗人洛尔卡的作品翻译成中文的人。

戴望舒曾在工作之余对新闻出版总署的负责人说:"我不会被打倒,我决心改变过去的生活和创作方向。"

1945年,戴望舒创作了诗歌《偶成》。这首诗发表后,戴望舒再次引起读者的极大关注。这首简短的小诗,充分表达了戴望舒对自己历经磨难人生的大彻大悟。随后,戴望舒又创作了《我用残损的手掌》,成功地达成自己所愿,站在了中国诗坛的顶峰。

戴望舒一直患有哮喘病,步入中年后病情更为严重,每天上下楼都需要走一阵停一阵。医生建议戴望舒做手术,为了能够更好地继续工作,他同意上手术台。可是此次的手术并没有多大效果。由于戴望舒惦记手里还有未翻译的《论人民民主专政》,便向医生提出提前出院,回家自打麻黄素针治疗哮喘。

此后,戴望舒常常是一手握住笔,一手握住针管。这样的生活令他痛不欲生,可是他从未有过放弃的念头。他想着工作,想着创作。他希望自己赶快好起来,继续奋斗自己想要的生活。

1950年2月28日上午,戴望舒一如既往地给自己打麻黄素针,由于急于尽早康复,他为自己注射了过量麻黄素,导致他心跳加速昏迷房内。当他被送到医院时,已停止呼吸,享年45岁,安葬于北京西山脚下的香山万安公墓。

茅盾为他亲笔书写了"诗人戴望舒之墓"。

卞之琳在悼念戴望舒的文章中说道:"望舒的忽然逝世最令我觉得悼惜的是:他在旧社会未能把他的才能好好施展。现在正要为新社会大大施展他的才能,却忽然来不及了。"

戴望舒对自己一生的信心,正如他在自己压卷之作《偶成》中表达的那样:"它们只是像冰一样凝结,而有一天会像花一样重开!"

戴望舒诗歌代表作

《雨巷》

撑着油纸伞,独自
彷徨在悠长、悠长
又寂寥的雨巷
我希望逢着
一个丁香一样地
结着愁怨的姑娘

她是有
丁香一样的颜色
丁香一样的芬芳
丁香一样的忧愁
在雨中哀怨
哀怨又彷徨

她彷徨在这寂寥的雨巷
撑着油纸伞
像我一样
像我一样地
默默行着
寒漠、凄清,又惆怅
她默默地走近
走近,又投出
太息一般的眼光

她飘过
像梦一般地
像梦一般地凄婉迷茫

像梦中飘过
一枝丁香地
我身旁飘过这女郎
她静默地远了、远了
到了颓圮的篱墙
走尽这雨巷

在雨的哀曲里
消了她的颜色
散了她的芬芳
消散了,甚至她的
太息般的眼光
丁香般的惆怅
撑着油纸伞,独自
彷徨在悠长、悠长
又寂寥的雨巷
我希望飘过
一个丁香一样地
结着愁怨的姑娘

逐梦箴言

　　命运多舛的戴望舒一直都在曲折中行走，但是他却始终以乐观、自信的心态，来面对自己的未来。虽然当曙光初次照耀他后，他却离开了人世，但是他的佳作却永远留在了人世间。历史都是人自己写出来的，人的每一个足迹，都是在书写自己的历史，命运如同手中的掌纹，无论多曲折，却始终掌握在自己手中。

知识链接

　　《雨巷》简介

　　《雨巷》是戴望舒的成名作和前期的代表作，他曾因此而赢得了"雨巷诗人"的雅号。

　　这首诗写于 1927 年夏天。当时全国处于白色恐怖之中，戴望舒因曾参加进步活动而不得不避居于松江的友人家里，在孤寂中咀嚼着大革命失败后的幻灭与痛苦，心中充满了迷惘的情绪和朦胧的希望。《雨巷》一诗就是他的这种心情的表现，其中交织着失望和希望、幻灭和追求的双重情调。这种情怀在当时是有一定的普遍性的。《雨巷》运用了象征性的抒情手法。诗中那狭窄阴沉的雨巷，在雨巷中徘徊的独行者，以及那个像丁香一样结着愁怨的姑娘，都是象征性的意象。这些意象又共同构成了一种象征性的意境，含蓄地暗示出作者即迷惘感伤又有期待的情怀，并给人一种朦胧而又幽深的美感。富于音乐性是《雨巷》的另一个突出的艺术特色。诗中运用了复沓、叠句、重唱等手法，造成了回环往复的旋律和宛转悦耳的乐感。

我的未来不是梦

智慧心语

1.如残叶溅血在我们脚上,生命便是死神唇边的笑。

——李金发

2.这些好东西都绝不会消失,因为一切都将永远存在,他们只是像冰一样凝结,而有一天会像花儿一样的重开。

——戴望舒

3.书籍——通过心灵观察世界的窗口。住宅里没有书,犹如房间没有窗户。

——威尔逊

4.任何问题都有解决的办法,无法可想的事是没有的,要是你果真弄到了无法可想的地步,那也只能怨自己是笨蛋,是懒汉。

——爱迪生

5.一本书像一艘船,带领我们从狭隘的地方,驶向生活的无限广阔的海洋。

——凯勒

6.毫无理想而又优柔寡断是一种可悲的心理。

——培根

第九章

千磨万击还坚劲

○导读○

　　谁拥有历经并克服千辛万苦的意志,谁最终就可能实现自己的理想与目标。

　　温室里的花朵,需要人们去精心呵护,但是它们一旦离开温室庇佑,必会枯萎。

　　也许,命运会给人一身残疾之体,也或者给你一段失败的婚姻……但这些都是人生道路上的"程咬金",他们看上去气势汹汹,其实并不可怕。只要我们坚定信心,以不屈的意志勇敢面对苦难与坎坷,人生之花必将怒放于世……

■ 光荣地死去

瓦尔特·司各特（Scott Walter），1771 年 8 月 15 日生于英国爱丁堡一个苏格兰的古老家族。是十九世纪著名历史小说家和诗人，是西欧历史小说的创始者。

其父亲是位律师，母亲则是一位医生的女儿，温文尔雅，受过良好教育。她为司各特走上文学创作道路带来至深的影响。在司各特以后的创作中，这位贤惠的母亲给他不少的灵感。

相比其他诗人而言，司各特的人生可以说是更悲催。

在 18 个月大时，司各特就患上小儿麻痹症，腿部萎缩，导致终身腿残，这给他以后的生活带来了诸多不便。然而，身体上的残疾并没有打败司各特，反而造就了他比一般人更为坚强的意志力。也许正是这个缘故，司各特将自己绝大部分的精力都投入到了文学的阅读和创作之中。

司各特自小就喜欢听苏格兰民间传说和一些历史故事。所以，在司各特以后的创作中，无论是诗歌还是小说，他都喜爱并且擅长以历史为背景的创作。

司各特 12 岁时，进入爱丁堡一所高中就读。当时他学业平平，却拥有惊人的记忆力和叙事能力，他因此也能时常给同学们讲述一些感人肺腑的故事。司各特有着强烈的求知欲望，中世纪的骑士传奇和历史故事更是让他为之着迷。

1783 年高中毕业后，司各特又进入凯尔索的一所法文学校。随后，22

163

岁的他进入了爱丁堡大学攻读法律。求学期间,司各特聆听了许多法律方面的讲座,因此他对苏格兰从封建社会发展到现代社会的历史有着较为透彻的了解,这对他以后的创作产生了一定的作用。

像其他同学一样,司各特积极参加各种文学和哲学协会,和他们探讨人们普遍关心的社会、历史、文学、政治、哲学等问题。司各特让人们完全忽略了他的残疾。最后,司各特不负众望,成为律师。可他对此并不感兴趣。

司各特在大学时代就进行诗歌创作,可并不被当时的诗歌界所看好,更没有出版社愿将他的作品出版,他为此感到难过。

直至 30 岁,他的第一部长篇叙事诗才得以问世。这部诗集给司各特带来了不小的声誉。司各特通过描写两个苏格兰贵族世家之争,形象地表现了十六世纪苏格兰封建贵族的生活。

司各特曾花费大量时间游遍苏格兰各地,特别是苏格兰与英格兰的交界处的苏格兰高地,广泛了解苏格兰的过去、现在以及风土人情,采集了大量民谣。

他还曾和朋友一起研究德国"狂飙突进"文学运动。这个文学流派的追随者反对法国启蒙运动文学,对本国的民间传说比较感兴趣。当时的德国作家对德国文学受法兰西文学的影响深感不安,而苏格兰的许多年轻人也有类似的焦虑,因为他们的文学也深受外来文学的影响。所不同的是,这一影响不是来自法兰西文学,而是来自英格兰文学。

此外,德国"狂飙运动文学"的作家认为苏格兰文学对他们也有一定的影响。对于司各特来说,他感兴趣的可能不是"狂飙运动文学——一个诱惑者"的文化和政治,而是这一派作品中的新意、民族性和前卫性。

随后,司各特出版了代表作——长诗《玛密恩》。诗中以英格兰和苏格兰进行的弗洛登战役为背景,描写了英国贵族玛密恩使用卑鄙、诬陷的手段夺取了贵族拉尔夫的未婚妻,最后阴谋暴露,战死在弗洛登的故事。这部长诗集被大家认为是司各特最优秀的作品。

司各特的长篇叙事诗,多采用历史事件或民间传说作为题材,显示了司各特丰富的想象和较高的艺术技巧,同时也流露出他对封建王朝和骑士理想的同情。

司各特陆续出版了许多著名诗集,受到了大家的喜爱追捧。然而,在司各特的诗歌创作刚刚达到顶峰时,他碰到了创作上的劲敌拜伦,他的文采再次被大家忽略。更为不幸的是,与此同时,司各特的印刷厂即将面临倒闭,事业失败,创作暗淡,面对这频频找上门来的困难,身残志坚的司各特还是平静处之,心态平和。通过艰苦奋斗,司各特从诗歌转为小说,从另一个方向走向了文学创作的顶峰。

司各特曾经历了一场感情危机,他深深地爱上了一个姑娘。可这位姑娘的父母认为司各特根本配不上他们的女儿,就把她嫁给了别人。司各特伤心不已,为此留下了一道经年不愈的伤疤。那一时期,司各特将自己的悲伤情怀一股脑地宣泄于诗歌创作上。

青年时代,司各特曾协助别人组建了一支骑兵志愿队。同当时大不列颠其他地方的军队一样,这支志愿队也由中产阶级组成,一方面借以抵抗法兰西的入侵,另一方面则用来威慑那些支持法兰西、时常造反的工人们。

在这支队伍里,司各特因为表现出了英勇无比的气概,被任命为塞尔扣克郡副郡长。

晚年的司各特经济窘迫,他的出版社和入股人破产,司各特以特有的英雄气概承担了全部债务。这高额的债务,却使司各特倾家荡产。司各特不甘屈服,拼命地找工作、忘我地创作。

他的朋友看到因为债务压力而枯瘦如柴的司各特,同情不已,要支援司各特,然而,司各特却断然拒绝:"谢谢你。不过我不需要同情和怜悯,因为我有战胜挫折的勇气,我会靠自己的双手将所有的债务还清的!"

在还债期间,司各特曾经病倒过。躺在床上的他仍旧不辞辛劳地创作。一位债主听说司各特因为劳累而病倒,就主动找到司各特:"你是个很有才华的作家,我不希望因为还债而让国家从此失去了一个伟大作家,所以,我决定免除你的债务,你欠我的那些钱就不用还了!"

司各特很高兴:"非常感谢。但您对我的帮助我不能接受,我也不会死,因为我还没有把债务还清,我一定要把所有的债务还清后再光荣地死去⋯⋯"

1832 年,司各特在还清债务后,因过度劳累而去世。这个被后人认为是历史文学一代鼻祖的司各特,虽然一生与贫穷为伴,但他却以自己的文学才华和做人的信誉赢得了后人的称赞。

司各特一生的作品中有 7 部长篇叙事诗、27 部历史小说。司各特最大的贡献就是历史小说,他刻画了许多令人难忘的劳动人民形象,不同时代的风貌和社会习俗,各个历史时期宗教、民族、阶级的斗争,都被他生动地文学地表达了出来。

逐梦箴言

一个人身体遭遇残病而活下去,并不是一件容易的事情。有的人因病因残,从此一败涂地,他们人生的失败不是被别人打败,而是被他自己打败。本节故事中的司各特,面对自己坎坷的一生,始终抱着奋斗不止的信念走到最后,虽然最后他因贫穷而离世,但却是光荣地告别了自己的人生。

司各特留给人们的启示是:身残志不残,痴情去创作,留得无价精神财富在人间。

知识链接

狂飙突进运动

狂飙突进运动是 18 世纪德国文学界的运动,是文艺形式从古典主义向浪漫主义过渡时的阶段,也可以说是幼稚时期的浪漫主义。其名称来源于音乐家克林格的歌剧"狂飙突进",但其中心代表人物是歌德和席勒,歌德的《少年维特的烦恼》是其典型代表作品,表达的是人类内心感情的冲突和奋进精神。这次运动是由一批市民阶级出身的德国青年作家发起的,他们推崇天才、创造性的力量,并把其作为其美学观点的核心。这个运动持续了将近三十年,从 1765 年到 1795 年,然后被成熟的浪漫主义运动所取代。

■ "俄国诗歌的太阳"

亚历山大·谢尔盖耶维奇·普希金,俄国著名的文学家、伟大的诗人、小说家,俄国现代文学的创始人,19世纪俄国浪漫主义文学主要代表,同时也是现实主义文学的奠基人,俄国民族文学和文学语言的创始人,被誉为"俄国文学之父"。

普希金,1799年6月6日(俄历5月26日)出生于沙俄莫斯科一个家道中落的贵族家庭。自幼在浓厚的文学氛围中成长,童年时期,普希金非常喜欢听自家伯母讲述有关俄罗斯的一些民间故事和传说。因此,普希金很小就接触到了俄国文学,并对俄国的民间创作产生了浓厚兴趣。

他的父母将普希金交给一个法国家庭教师管教,因此受到了贵族式的高等教育。因家中藏书丰富,年少的普希金可谓博览群书。8岁的他即尝试用法语写诗,12岁时就已经开始了他的文学生涯。

在一次中学考试中,普希金朗诵了自己创作的"皇村怀古",此诗一出,轰动学校,得到了广泛赞赏。在这次创作中,普希金充分地体现了自己卓越的诗歌写作才能,这使他更加坚定了写作的信念。

读书期间,普希金受到法国启蒙思想家的影响,加入了十二月党,并开始了自己的创作。这一时期,普希金发表了有关抨击奴隶制度的诗歌,表示自己倾向革命,用诗歌歌颂自由与进步。因此,引起沙皇俄国统治者的不满和仇恨。在创作诗歌的同时,普希金还写了多部小说,实现了历史纪实语的开创。

我的未来不是梦

随着普希金作品不断在诗坛上引发轰动,俄国沙皇政府感到不安。1820 年,便派他到俄国南部任职,其实,这是变相地将普希金流放他处。这更加激发了普希金追求自由的思想,在这一时期,普希金创作了多部作品,展现了自己独特的写作风格。

1825 年 12 月 14 日,俄国爆发的十二月党人起义,但是被沙皇镇压,而起义的五个首领都被沙皇残酷绞死,另有 100 多人被流放西伯利亚,还有 600 多人受到牵连,普希金和很多朋友也在其中。为此,普希金深感悲痛。

在被幽禁的两年里,普希金的文学创作丝毫没有怠慢下来。他不断地搜集民歌、故事,还刻苦钻研俄罗斯历史,仅仅两年时间,普希金竟然创作了近百首诗歌,促使其诗歌创作更加成熟。俄罗斯文学史上第一部现实主义悲剧《鲍里斯·戈都诺夫》就是在这样一个特殊时期、特殊环境里创作出来的。

1826 年秋天,新上任的俄国沙皇把普希金召回莫斯科,沙皇想借此机会将普希金收为己用。

这一天,普希金来到了沙皇面前。沙皇问他:"十二月党起义失败,我将首领全部绞死,你怎么看?"

"那是个残忍的行为!"普希金非常淡定却也非常坚定地回答。

沙皇为使普希金能够为自己效力,便显得宽容大度,他笑着说:"你知道我为什么把你叫回来吗?我这里缺少你这样的人才。"

普希金说:"我在乡下住惯了。"

沙皇接着说:"我是个爱诗之人,但更爱人才。你若为我效力,我将给你至高无上的爵位和享不尽的荣华富贵!"

听罢,普希金淡淡一笑:"我不在乎这些,我在那里住得挺好!"

"行刑那天你在做什么?"

"我当然在起义者的队伍里了。"普希金毫不犹豫。

"你知道这是什么后果吗?"

普希金显得很从容:"当然!就像我的朋友那样!"

沙皇认为普希金是个聪明人,他这是在故意惹恼自己。因为这个时期的普希金已经在俄国文坛占有重要地位,如果沙皇一旦把他处死,必会引起全国文人及百姓的不满。而他将一个只写了几首讽刺诗的伟大诗人处死的理由,也根本站不住脚。

沙皇耐着性子继续劝导:"我平时也特别喜欢读诗,我欣赏你的诗,不过写诗太劳累了,以后就不要写了!"

普希金口气坚定:"诗歌是我生命的全部,没有诗歌,我就等于没有了生命,这是不可以的!"

"既然你要写,那写完就拿来给我看看吧!"

"陛下不就是想审查我的诗作吗,没有问题,到时候我会亲自给您送来!"

沙皇以为这个桀骜不驯的普希金已经顺从了,谁知,走出宫廷的普希金依旧一如既往地遵循自己写作风格,将自己的所有情怀倾注于诗歌创作中,而对政治上的鞭挞依旧毫不留情。

普希金的创作始终令沙俄头疼不已,他们想尽一切办法,准备将这个顽固文人铲除。

1837年1月29日,普希金在一次决斗中身负重伤,最后不治身亡,年仅37岁。高尔基称普希金是"俄国诗歌的太阳。"

他的早逝令俄国进步文人悲伤,有人曾经这样感叹:"俄国诗歌的太阳沉落了!"

普希金诗歌代表作

《致大海》(节选)

再见吧,自由奔放的大海!

这是你最后一次在我的眼前,翻滚着蔚蓝色的波浪,

和闪耀着娇美的容光。

好像是朋友忧郁的怨诉,

好像是他在临别时的呼唤,

我最后一次在倾听

你悲哀的喧响,你召唤的喧响。

你是我心灵的愿望之所在呀!

我时常沿着你的岸旁,

一个人静悄悄地,茫然地徘徊,

还因为那个隐秘的愿望而苦恼心伤!

我多么热爱你的回音,

热爱你阴沉的声调,你的深渊的音响,

还有那黄昏时分的寂静,

和那反复无常的激情!

渔夫们的温顺的风帆,

靠了你的任性的保护,

在波涛之间勇敢地飞航;

但当你汹涌起来而无法控制时,

大群的船只就会覆亡。

我曾想永远地离开

你这寂寞和静止不动的海岸,

怀着狂欢之情祝贺你,

并任我的诗歌顺着你的波涛奔向远方,

但是我却未能如愿以偿!

你等待着,你召唤着……而我却被束缚住;

我的心灵的挣扎完全归于枉然:

我被一种强烈的热情所魅惑,

使我留在你的岸旁……

有什么好怜惜呢? 现在哪儿

才是我要奔向的无忧无虑的路径?

在你的荒漠之中,有一样东西

它曾使我的心灵为之震惊。

那是一处峭岩,一座光荣的坟墓……

在那儿,沉浸在寒冷的睡梦中的,

是一些威严的回忆;

拿破仑就在那儿消亡。

逐梦箴言

普希金是"俄国诗歌的太阳",普希金为我们留下的文学作品更是永远不落的太阳。无论在什么情况下,他都能够从容淡定地将自己创作信念坚持到底,即使面对金钱和权力的诱惑,普希金都以高尚的情操保持着自己的思想。

人生不如意十之八九,只要人们坚定信念,拥着心中固有的梦想走到太阳底下,我们就是自己心中永远不落的太阳。

知识链接

现实主义文学

现实主义文学是西欧资本主义制度确立和发展时期的产物。1830 年法国爆发"七月革命",从此法国资产阶级取得了统治地位;1832 年英国实行了议会改革,英国资产阶级的统治地位得到了进一步巩固。这两大政治事件,是西欧资本主义制度确立的标志。欧洲各国在英、法资本主义势力的影响下,相继经历了从封建制度向资本主义制度的历史性过渡。这种特定的社会政治经济形势,直接影响着文学,成为现实主义文学形成与发展的决定性因素。

我的未来不是梦

■ "推敲""秋风"

贾岛(公元 779–843 年),字浪(阆)仙,唐代诗人,今河北省涿州市人。

贾岛出生在一个贫穷家庭,因为出身卑微,贾岛的少年生活十分悲苦,但命运似乎不怎么怜悯贾岛。

贾岛寒窗苦读多年,仕途路上却屡遭挫折,早年他多次考试都名落孙山。迫于生计,贾岛决定落发出家,取法号无本,自号"碣石山人"。

虽然贾岛考试连连挫败,可是遁入空门后,贾岛依旧十分酷爱吟诗作词。在寂静的禅房内,贾岛几乎每天都手不离卷地读书。贾岛在当时是有名的苦吟诗人,贾岛会为诗中一个字或一句话而思索很久,有时甚至达到忘乎所以的境界。其中,最其名的典故就是今天广为流传的"推敲"传说了。

有一次,正是秋风落叶时节,贾岛骑着毛驴在长安城街边行走,看着满地飘零的落叶,他突然来了灵感,随口便吟出一句"落叶满长安"。这是一句很不错的下联,可是上联该用什么好呢?

贾岛思来想去,怎么也想不出来。此时,对面来了个官员,名叫刘栖楚,是新到任的官员(相当于今天的市长)。官员队伍浩大,敲锣开道,周围百姓都纷纷避让。可是贾岛仍然骑着毛驴悠然自得地朝官员队伍中撞去,贾岛完全忘记自己此刻正走在长安街上,更浑然不觉自己已经闯进官府队伍,这等于冲撞了官员。刘栖楚看到对面骑着毛驴冒冒失失地走近一个人,手上比比划划,嘴里念念有词,见此情景,十分生气,命人把贾岛抓住。

当贾岛来到大人面前,突然大声喊道:"秋风生渭水。这再合适不过了!"刘栖楚吓了一跳,以为自己碰到了疯子,就叫人赶紧把贾岛关了起来,贾岛因此就在牢房中受了一夜之苦。但是,贾岛却因此吟成了一首诗——《忆江上吴处士》,诗中最著名的一句便是这句:秋风生渭水,落叶满长安。

有人称贾岛为"诗囚"或者"诗奴",即是因为贾岛一生几乎是以诗歌为生,他不喜欢与人交往,每天苦苦钻研诗句,不许诗句上有一丝不妥或者差错。

贾岛不止一次因作诗着迷而误挡官员,这一次是被关进了牢房,受尽牢狱之苦;另一次则遇到了贵人,并从此改变了自己的命运。

有一天,贾岛到长安城外拜访朋友李凝,他沿着山路走了好久,好不容易找到了朋友的家。此时夜幕降临,天空繁星点点,周围寂静安宁。贾岛的敲门声惊扰了树上的鸟儿,因此惹来一阵鸟叫。可遗憾的是李凝此时并不在家,他灵感来袭,就即兴写下一首诗,留在李凝家门外:

闲居少邻并,草径入荒园。鸟宿池边树,僧推月下门。过桥分野色,移石动云根。暂去还来此,幽期不负言。

第二天,贾岛骑着毛驴返回长安。路上,贾岛想起昨晚一时兴起给朋友写的小诗,反复吟着这首诗,总觉得哪里不合适。他仔细想来,总觉得诗中"鸟宿池边树,僧推月下门"的"推"字用得不太准确。他左思右想,觉得或许用敲字更为妥当。犹豫间,城里迎面又来了一位官员,此人正是在京城为官的韩愈。大家看到又是浩浩荡荡的仪仗队伍,都纷纷避让。但是贾岛依然像走火入魔似的吟诗,手上做着推来敲去的动作,闯进仪仗队伍的贾岛被抓到了韩愈面前。

韩愈和那位市长大人不同,他好奇地问贾岛:"你为什么闯队伍?"

贾岛说:"我在想自己昨天作的一首诗。"

韩愈是个爱才之人,对吟诗作画也非常有兴趣,便问:"是什么诗?"

贾岛将昨天的诗说给韩愈听,并将自己犹豫不定的两个字告诉了韩愈。韩愈思索片刻,笑笑说:"我觉得用敲字更为妥当。敲门礼貌,而且家中无人,你又怎么推呢?"

贾岛顿时如梦方醒,连连点头:"大人言之有理!"说完,贾岛就想回到朋友家,将诗改过来。

这次贾岛没有遭遇牢狱之苦,反倒被韩愈赏识,并和韩愈成为至交好友。

在韩愈的多次劝导下,贾岛最终决定还俗,参加科举,可仍旧不得志。

不久后,贾岛的两位老友韩愈和孟郊相续去世,贾岛一时无所适从,仕途之心也就淡了许多。直到晚年,他才出任长江县主簿。三年后,迁任至普州做司仓参军,并在此职上离世。

贾岛在任官员后的三年期间,每天还是手不离书地读书。唐人苏绛曾称赞贾岛"三年在任,卷不释手"。

贾岛写诗以刻苦认真著称。他曾在诗句中说:"二句三年得,一吟双泪流。"可见,贾岛在诗歌创作上可谓煞费苦心,认真到了苛刻地步。正因贾岛拥有刻苦创作、认真求实的精神,才使得他在唐代诗坛中占有一席之地。

贾岛的诗歌作品多以写景为主,常常给人以荒凉、枯寂的感觉,蕴含着凄苦情味。贾岛许多诗作在晚唐时形成了流派,而他的苦吟诗作精神,在唐末时期影响力更是深远。

唐代张为在《诗人主客图》中将贾岛列为"清奇雅正"升堂七人之一。

清代李怀民在《中晚唐诗人主客图》则称他为"清奇僻苦主",并列其"入室"、"及门"弟子多人。

晚唐李洞、五代孙晟等人都十分尊崇贾岛,甚至对他的画像及诗集焚香礼拜。

逐梦箴言

有了坚持与诗为伴的精神与意志，就等于给文学添了一双翅膀。本节故事中的贾岛并非天资聪慧的才子，但他却通过自己认真、痴情的毅志力，得以创作出被后人敬仰的诗歌作品。在今天的现实生活中，我们更要拥有强大的毅志与坚守，去战胜一切诱惑与干扰，这样，于今天之现实中，我们才能成才及成功。

知识链接

贾岛墓

地处今四川安岳县县城南郊安泉山。长 12 米，宽、高各 3 米，砌石为垣。现有清建墓碑"唐普州司户参军浪仙之墓"。墓前有清建瘦诗亭，内陈历代文人吊唁贾岛的石刻诗文。

唐开成五年（840 年），贾岛 61 岁时迁来普州（今四川安岳县），任司仓参军。他到任后，曾组织讲学。政务之余常去南楼读书作诗。曾写出《夏夜登南楼》诗："水岸寒楼带月跻，夏林初见岳阳溪。一点新萤报秋信，不知何处是菩提。"

此外，《寄武功姚主簿》、《送裴校书》、《送僧》、《原上草》、《咏怀》等诗篇，均为贾岛在南楼写成。唐会昌三年（843 年），朝廷升贾岛为普州司户参军，未受命而身先卒，终年 64 岁。遗体安葬在安岳县城南安泉山麓。

他的朋友苏绛为他写了"贾司仓墓志铭"，记述贾岛生平、死、葬日期和地点等甚详。

■ 不带走一片云彩

徐志摩(公元 1897–1931 年),新月派代表诗人。中国现代诗人、散文家。金庸的表兄。

原名徐章垿,后改名为志摩,字槱森。1897 年 1 月 15 日出生于浙江省海宁县硖石镇。徐志摩的父亲在当地经商,家庭富裕,因为徐志摩是家中的独生子,所以他从小就过着养尊处优的生活。

徐志摩从小就接受很好的教育,儿时常常在家读书,写字,11 岁进入学堂学习。在老师张树森的引导下,徐志摩对文学产生了浓厚的兴趣。此间的学习,也为徐志摩以后走上文学道路打下了深厚的文学根基。徐志摩聪明好学,成绩始终在班里名列前茅。

1910 年,14 岁的徐志摩进入杭州府中学堂。在校期间,徐志摩多次尝试写作,最后终于在校刊上发表了一篇论文。这是他的第一个作品,徐志摩为此兴奋不已。随后,他又写了一些有关科学的论文,都得到了校方好评。

1915 年,徐志摩毕业,考入上海沪江大学。就在这时,徐志摩接到父亲来信,要求他立刻回家成亲。身处 20 世纪初的家庭,这类婚姻大事自然有很多不得已。这年十月,徐志摩十分不情愿地同一个自己从未见过面的女孩成亲。其妻是上海宝山县罗店巨富张润之之女张幼仪。徐志摩父亲和张润之是世交,因两家门当户对,父亲就为他包办了这个婚姻。

直到新婚之夜,徐志摩才见到张幼仪的庐山真面目。这场婚姻注定是一个悲剧,年仅16岁的张幼仪在对爱情懵懂不明之时,就被嫁到徐家。而徐志摩正值青春年少,却被逼迎娶了一个素未谋面的姑娘。他们之间没有恋爱、没有沟通、没有感觉,就这样,两人开始了夫妻生活。这场被包办的婚姻让徐志摩备受煎熬,他无时无刻都想逃离这个牢笼,摆脱家庭束缚的枷锁。

徐志摩生性好动,所以他并没有安心在泸江大学念完所有课程。进入学校的第二年,徐志摩就离开了泸江大学,进入天津大学,后因法科与北京大学合并,他也跟随转入北京大学就读。

在北京大学的两年生活,徐志摩的思想有了相当大的改变。在高等学院钻研法学的同时,他兼攻日文、法文和政治学,以及一些中外文学,这些都使徐志摩很感兴趣。

在此期间,徐志摩结识了很多文学爱好者。通过与他们交往,徐志摩更加渴望学习文学。通过朋友介绍,徐志摩认识了影响他一生的老师梁启超。徐志摩为表达自己对老师的尊重,本来反传统的他还特意举行了一场隆重的拜师大礼,可见梁启超在徐志摩心中多么重要。

年轻的徐志摩始终渴望追求自由,他为了自己的理想目标而不惜一切代价,包括他现在最为头疼的婚姻。他想要自由恋爱结婚,他想要逃离父亲的束缚。

最后,徐志摩跟父亲说想要出国学习,开阔眼界。父亲也希望徐志摩能够子承父业,就接受了徐志摩的提议,并在1918年决定送徐志摩到美国学习银行学。

徐志摩虽然对银行学毫无兴趣,但是为了能够有个独立的生活空间,就同意了父亲的选择。临行前,父亲想起在徐志摩小时候,曾有一个叫志恢的和尚给他摩过头,并跟他父亲说:"此人将来必成大器。"父亲望子成龙心切,因此在他即将跨出国门之际,为他改名为徐志摩,希望他能够学有所成,荣耀归来。

徐志摩在美国乌斯特的克拉克大学读书两年,获得学士学位,并获得了一等荣誉奖。

　　毕业后,他决定奔赴英国寻找实现他哲学家的梦想。

　　在英国期间,是徐志摩人生的重大转折点。在那里,他认识了林徽因,并通过林徽因的父亲结识了英国作家狄更生。最后,通过狄更生强烈推荐,徐志摩成为了康桥大学(剑桥大学)的特别学生。

　　此时徐志摩已经 24 岁,在这之前他从未写过一首诗歌,可当他碰到了为之倾倒的中国才女林徽因后,为了表达自己的情感,徐志摩才真正动笔创作诗歌。

　　当徐志摩第一眼见到林徽因时,他就已经为她深深着迷。24 年来,徐志摩第一次感觉到什么是爱。徐志摩激动、兴奋、欢喜,这些情感他无以言表,只能寄情于诗。

　　在康桥学习期间,徐志摩阅读了各种文学杂志,受到很多欧美唯美派诗人的影响,所以在徐志摩以后的诗歌中,我们常常会看到他华美而优雅的句子。

　　爱情的力量是无穷的。徐志摩写下很多唯美而情意绵绵的情诗送给林徽因。林徽因也被徐志摩的才华所吸引,两人确立了恋爱关系。从那以后,徐志摩迷上了诗歌创作。这一时期,他的诗歌作品深深地蕴含着他对林徽因的深厚感情,和他对自由生活的无限向往。

　　但是好景不长。在徐志摩和妻子张幼仪协议和平离婚时,林徽因却理智地考虑了两人的感情。因为徐志摩比林徽因大 8 岁,又是已婚之人,经过多方考虑,林徽因决定放弃,并且对徐志摩不告而别,随父亲回国。

　　婚姻破裂,爱情夭折,徐志摩受到双重打击下,无心学习,也回国了。

　　徐志摩对林徽因的感情始终不能释怀,备受折磨,当听到林徽因与自己老师的儿子梁思成订婚时,他几近崩溃。为了使自己走出感情漩涡,他疯狂进行诗歌创作,以此缓解情感悲痛。

　　徐志摩为感情而伤心难过时,在文学事业上却开始崭露头角。

　　徐志摩在备受爱情折磨的这一时期创作了很多作品,都在各大报刊上发表,并且赢得诗坛好评。他不甘示弱,他不想让自己在感情挫败的同时,事业也从此颓废。

1923 年，他与文友成立了新月社，加入了文学研究会。后来又同胡适等人合创周刊《现代诗评》。

1924 年，徐志摩在北京《晨报》副刊《诗镌》担任主编。与此同时，他出版了人生第一部诗集《志摩的诗》。这是徐志摩自己编选的第一个诗集，集中收录的大都是 1922——1924 年之间的作品，这个诗集的出版，使他名声大振。在这本诗集中可以约略看出徐志摩在回国初年的生活思想状况，以及他所"泛滥的感情"。诗的内容大致有这几个方面：抒发理想和表现爱情的；暴露社会黑暗和表达对劳苦人民的同情的；探讨生活哲理的；写景抒情的。诗集出版后，徐志摩一夜暴红，成为中国诗坛上一颗璀璨明星。

直至如今，那首《再别康桥》仍旧在传诵。

同年，印度著名诗人泰戈尔来到中国北京。徐志摩担任此次行程的翻译，通过这次机会，徐志摩学习到了很多文学知识，这对他日后的文学创作有很大的影响。

泰戈尔这次来访华，恰好赶上了他 64 岁生日，北京文学界便为泰戈尔在礼堂举办了祝寿宴会。宴会上，徐志摩遇到了他人生中的第三位女子——陆小曼。

陆小曼出生于富贵家庭，父亲是晚清进士，后到日本留学，是日本名相伊藤博文的得意弟子。其母亲也是一大户人家女子。陆小曼天资聪颖，15 岁就被送到法国留学，16 岁时就已是学校小明星。她弹得一手好钢琴，擅长油画，温文尔雅，多才多艺且精通英法两国语言，时任外交部译员。

陆小曼和徐志摩在感情上略有相似，均受父母之命，同一个完全不了解的人结婚，结果注定是分开。

俩人在泰戈尔的生日会上相见，徐志摩因与陆小曼前夫有过来往，所以两人并不生疏。但徐志摩再次碰到难题，父亲不是特别喜欢陆小曼，便从中作梗，并断绝了对徐志摩的所有经济资助。

徐志摩为此不得不同时担任光华大学、大夏大学和南京大学的教授，他还每天夜以继日地创作，以来维持两人的生活。

而徐志摩和陆小曼的爱情不但遭到家人的反对，连同外界也一样不认可,大家批判他、诋毁他,这给徐志摩带来了巨大的痛苦。迫于社会压力,徐志摩选择前往欧洲旅行,借机舒缓自己紧张的心情。他先后到达英法美德等国家,途中,徐志摩疯狂写作,以忘记生活给他带来的痛苦与烦恼。在意大利的翡冷翠(即佛罗伦萨)他住了一小段日子,他将家人和社会带给自己的悲痛,通通托付给了笔纸,而诗集《翡冷翠的一夜》就在这样一个多愁善感的时刻创作而成。

1925年和1926年,中国的革命运动蓬勃兴起,五卅事件与三·一八惨案引起他的"愤慨"和"悲切",为纪念"三·一八",他写了《梅雪争春》,揭露了军阀屠杀无辜,连十三岁的儿童也惨遭杀害。在《大帅》《人变兽》的诗篇中,暴露了军阀活埋伤兵、杀死人民的血腥罪行。他的思想起了"波折","流入怀疑和颓废",认为现在是受罪时期,因此,不少诗篇失去乐观调子,相反染上了一层忧郁、失望、逃避现实的颓废色彩。他诅咒生活,赞颂死亡,要辞别人间去殉恋爱。想象奇特,思想灰暗。当然,这个诗集也还有少量调子比较积极明朗的诗篇。这个诗集在艺术技巧上如闻一多说的"确乎是进步了",对诗的形式技巧更加注意推敲,除了在诗的形式上更多样化外,他也醉心于诗的音节与格律。

1931年11月19日早八时,徐志摩搭乘飞机由南京飞往北京,参加一个演讲会,当飞机飞往济南上空时,因空中浓雾弥漫,飞机降低飞行高度,不料撞上开山,跌入山谷,机上三人无一幸免。

这个中国新诗时代开创者英年早逝的消息一传出,诗坛连呼惋惜,而整个文坛更是为之震撼,胡适说道:"天才横死,损失的是中国文学!"

徐志摩一生不仅创作诗歌、散文,还创作有小说、剧本,同时他也是一个非常好的翻译家。

正如苏雪林对徐志摩的评价:这位才气横溢,有如天马行空的诗人;这位活动文坛不过十年,竟留下许多永难磨灭的瑰丽果实的诗人;这位性情特别温厚,所到处,人们便被他吸引、胶固、凝结在一起,像一块大引铁磁石的诗人,竟于民国二十年11月间,以所乘飞机失事,横死于泰山南面开山的高峰下,享年不过36岁。

徐志摩的离去正如他那首诗写的一样：悄悄的我走了，正如我悄悄的来；我挥一挥衣袖，不带走一片云彩。

逐梦箴言

人生波折，不经历风雨，怎能见到彩虹？徐志摩的感情道路，可谓是跌宕起伏，被逼无奈的婚姻，无花无果的恋爱，好不容易碰到真爱，却遭到所有人的不满。面对这种种挫折，他有过失落，有过悲伤，但是徐志摩最终的还是选择对文学创作事业的不抛弃，不放弃。正因为他的执著与坚强，在上帝给他关起一扇门的同时，也为他开启了另一扇窗，照亮了他短暂的一生！

知识链接

新月派

新月派是现代新诗史上一个重要的诗歌流派，受泰戈尔《新月集》影响.该诗派大体上以 1927 年为界分为前后两个时期。前期自 1926 年春始，以北京的《晨报副刊·诗镌》为阵地，主要成员有闻一多、徐志摩、朱湘、饶孟侃、孙大雨、刘梦苇等。1927 年春，胡适、徐志摩、闻一多、梁实秋等人创办新月书店，次年又创办《新月》月刊，"新月派"的主要活动转移到上海，这是后期新月派。它以《新月》月刊和 1930 年创刊的《诗刊》季刊为主要阵地，新加入成员有陈梦家、方玮德、卞之琳等。

我的未来不是梦

智慧心语

1.时光会使最亮的刀生锈,岁月会折断最强的弓弩。

——司各特

2.人的影响短暂而微弱,书的影响则广泛而深远 。

——普希金

3.失败了,给自己一个目标;跌倒了,在伤痛中爬起并给自己一个宽容的微笑。

——徐志摩

4.人生像攀登一座山,而找寻出路,却是一种学习的过程,我们应当在这过程中,学习稳定、冷静,学习如何从慌乱中找到生机。

——席慕蓉

第十章

诗书亦励志

◦导读◦

当读过这些伟大诗人的故事后,我们会由衷感叹:上帝是公平的,他在为你关起一扇门的同时,也会为你打开另一扇窗!

■ 抒写不同的人生

当然,很多时候,还要看你是否能够把握住机会。或许我们不一定会成为一个名垂青史的伟人,但是只要努力、奋斗,自然会抒写出自己与众不同的人生。

浏览众多诗人的经历,可以强烈地感觉到,人生,绝没有一帆风顺。而诗人们之所以能够在滚滚红尘中脱颖而出,并且被人熟记于心,必然离不开他们的努力。

一分耕耘,一分收获。要有收获,必先耕耘。所以,人生的付出与收获常常成正比。人生没有不劳而获,好吃懒做、自暴自弃的人生可能要由悲惨来结局。

在二十一世纪的今天,人们可以通过各种方式、不同渠道多方了解信息:电视、电脑、手机……可以透过它们即时地观望这个世界。

在远古时代,人们没有这些电子产品,了解不到众多新闻信息,他们每天只是面对着书本,陶冶自己的情操。

这些诗人之所以伟大,是因为他们付出了令人感佩不已的心血与汗水。范仲淹为了读书,安于家徒四壁的困境,每天过着喝粥吃咸菜的日子,只为能更好地读书学习。刻苦与勤奋,使他终于创作出被后人永记于心的"酒入愁肠,化作相思泪"名句。

读他的诗作,人们会体会到他当时的切身感受,虽然生活艰苦无助,但是他并没有因此颓废,而是用精神寄托的方式来抚慰自己。

人生没有十全十美,同样,人生也会有不同的残缺。在众多诗人中,拜

我的未来不是梦

伦的相貌首屈一指,是个标准美男子。可是天不遂人愿,他却偏偏天生残疾,恰恰又因为这个缘故,拜伦与书本结缘。遨游书海,他享受到了前所未有的快乐。也许在别人看来,书籍是再枯燥不过的东西,可他却从中找到了乐趣,在书中得到了鼓励,最后创造了一个残疾人同样可以成为伟大诗人的奇迹。他是坚强的,他更是向我们证明:不想当将军的士兵不是好士兵。

有着同样先天残疾的伟人不止拜伦一个,还有自小患小儿麻痹症的司各特,相比之下,拜伦还算幸运,司各特的遭遇更加悲惨,但他却以不懈的努力,战胜病魔,创作出流传千古的名篇佳作。

■ 上帝咬过的苹果

　　记得有人说过：每个人都是上帝咬过一口的苹果，只是有些人被上帝不小心咬大了一口。那怎么办呢？靠努力奋斗，将那个苹果剩余部分擦亮不照样可以光彩照人吗！

　　一个人要想成功，有足够的毅力当然第一重要。这些伟大的诗人，他们所创作出的每一首诗，都经过逐字逐句、反反复复斟酌与修改，最后才公诸于世。哪怕是一个字，他们也要做到精准无误，如此严于律己，必须有相当的毅力才会做到。

　　诗人们的荣誉，多是用自己毕生心血而换来的。有些诗人一生都在创作诗歌，直至生命最后一刻，仍旧手握笔纸，坚持将自己的人生画上一个圆满句号。虽然有的诗人在生前奋斗不止，仍未达到自己理想目标，但是他们都有这样的精神：不放弃，不泄气。也许是十年后，一百年后……终有一日，他们的目标会达成。这是何等悲壮的人生呢？

　　也许有人会说，诗人之所以能够成为伟大诗人，本人肯定会有一定的天赋，这样才会脱颖而出。其实不然，有些诗人出身好，所以自小接受良好的教育，这一点对他以后的成功是有一定影响的。可是天才是由百分之一的灵感，加上百分之九十九的汗水浇铸而成。所谓天才，无非是长久的忍耐与努力，惟其如此，天赋才会在人生旅途上扶助理想。

　　简短的诗歌不足以描述诗人的一生，却能充分表达诗人在某一个时段的心态。当李白失落之时，他会说鼓励自己："天生我材必有用，千金散尽还复来！";当他脆弱之时，他会安慰自己："人生达命岂暇愁，且饮美酒登高楼！"

所以，我们甚至可以说：人的一生没有顺心如意，更无十全十美。遇有障碍、坎坷与挫折，需要我们调整自己的心态，进而跨越人生，战胜自己，走向理想的彼岸。

"少壮不努力，老大徒伤悲"，这是告诫我们：珍惜光阴，奋力向前。

《三字经》有云："苏老泉，二十八，始发愤。"

苏洵，苏轼的父亲，就是因为年少不懂事，挥霍人生浪费时间，最后而立之年才后悔不已。但他却打破了惯例，奋起直追，努力读书，虽然被人嘲笑与不解，但他决定不理会这些，只做自己应该做的，那就是在为理想而努力的旅途上，什么人都可以迟到，但是决不能躺倒。学习没有年龄大小之分，只要用心去做，终会有所收获。

卢梭说："成功的秘诀，在于永不改变既定的目的"。

一个人，无论他将要从事什么职业，都应该有自己的目标。拜伦从小就立志要做一个将军，在所有人都不相信的目光里，他成功了；范仲淹在读书时也曾许愿，自己要做一名造福人民的宰相，虽然仕途坎坷，但他终于实现了自己的理想。

每个人都有着自己的人生，各自有各自的精彩。只是一旦将目标锁定后，就该不畏艰难，勇往直前。被称为"俄国诗歌的月亮"阿赫玛托娃，起初事业顺利，可是不久后，她迎来的是命运的双重打击：一生为伴的丈夫逝世，儿子又被捕，唯一生活的来源也是自己唯一的爱好也被封杀，随即她被迫沉默了近三十年。但即使如此，她也从不间断诗歌的创作。社会不接纳她，排斥她，生活沉寂艰难，她竟然坚强挺过，从没自暴自弃，她通过了命运的考核，迎来的自然是人生的巅峰时刻。虽然这一刻来得有些晚，但她终于还是成功了，付出也终于得到了回报。

人生好比是一艘航行在大海上的游船，目标是航海的指南针，勤奋是通往目的地的燃料，可是要想战胜狂风暴雨，单靠我们个人的力量与智慧是远远不够的。

人生，还要有良师益友。

■ "三人行，必有我师焉！"

孔子说："三人行，必有我师焉。"人生道路上，会碰到形形色色人等，每个人都可能会是我们的老师。学习人之长处，弥补自己的短处，谦虚才会不断进步。

谦虚使人进步，骄傲使人落后。这是不变的名言，也是不变的真理。古时有杨时的"程门立雪"、有孔子"昔仲尼，师项橐"，都是我们人人耳熟能详的典故。杨时来拜访程颐，看他在休息，就顶着鹅毛大雪在门外耐心等候。程颐被杨时诚恳虚心的态度所感动，便收其为徒弟；圣人孔子，在晚年时仍旧虚心学习，只要碰到知识渊博的人，即使是几岁的孩子，他也一样鞠躬学习。正因为孔子的谦虚，才使他的学问不断充实丰富起来，因此得到后世敬仰。

有老师引领人们走向正确的道路，但没有朋友的人生同样孤独无助，是不完美的。李白与杜甫的情谊名冠古今中外：一个是"诗仙"，一个是"诗圣"，天南地北两处相隔，只因有共同的喜好，便走到一起，再不相离。结交一个益友，会使我们在人生道路上不孤单，克艰除难时你就不会孤军奋战；但如果结交了损友，只会让我们在人生旅途上自寻烦恼，甚至会毁掉你的前程。所谓道不同，不相为谋矣。

鲁迅说过："人生得一二知己足矣。"可见知己难遇，而知己会在我们走向成功的道路上助我们一臂之力；即使我们落魄，不如意，他们都会给我们的心灵以万千安慰。

良师益友,是我们走向成功的基石。有了良师益友,我们的旅途上会多一盏路灯,使我们对未来的路看得更加阔远。

人生就像一次长途旅行,前路茫茫,我们不知道前方会有什么崎岖坎坷,但正像普希金所说:"希望是厄运的忠实姐妹。"借用威·希克森的一句名言:"应该懂得这样一个道理:要努力,努力,再努力;如果开始不成功,还要努力,努力,再努力。"

只要肯于努力付出,我们的人生同样也会拥有一支神奇的如椽大笔,画出一幅绚丽壮美的图画。

虽然本书我们回顾了一些伟大诗人的人生征程,也可能挂一漏万。但是,人生的精神于始终滚滚红尘间不会停止,更不会湮灭。

人生,正像下面这首励志诗所说:

人生就是一条永不停息的河流;

不停地向前,向前,直至命运的彼岸;

没有了机遇,生命之舟就会搁浅或是被浪打翻;

要么是抓住机会顺流而下,乘风破浪;

要么是神色黯然,望河兴叹;

机遇永不再来,牢牢地抓住;

幸运女神会向你微笑;

人生的职责会为你指引一条阳光大道;

不要退缩,尽管你心存恐惧;

不要徘徊,尽管安逸在向你弯腰;

要一直向前,向前,直至实现生命的目标!

智慧心语

1.没有信仰，则没有名副实在的品行和生命；没有信仰，则没有名副实在的国土。

——惠特曼

2.成大事者，只争百年，不争一息。

——冯梦龙

3.人类的使命在于自强不息地追求完美。

——罗曼·罗兰

4.先相信你自己，然后别人才会相信你。

——屠格涅夫

5.不要慨叹生活的痛苦！慨叹是弱者。

——高尔基

我的未来不是梦